《我们深圳》文丛

首部全面记录深圳人文的非虚构图文丛书

《我们深圳》丛书，

因“我们”而起，为“深圳”而生。

这是一套“故园家底”丛书。

这是一套“城市英雄”丛书。

这是一套“蓝天绿地”丛书。

这是一套“都市精灵”丛书。

《我们深圳》，是你的！

坪山女人

张黎明 廖铮/著

生于1893

我们深圳

深圳报业集团出版社

Born in 1893

她从三洲田梅沙尖北麓一路下来，与马峦山、田头山的溪流汇合成河，属东江水系淡水河的一级支流，她从哪里来到哪里去？祖辈生活在此的人都知道，此乃坪山的母亲河（殷秀明 拍摄）

坪山，不是1893年炳娣出生时候的她了，前面的体育中心，后面的燕子岭，细心找找，我小小的家在哪里？（殷秀明 拍摄）

哪里是门？处处有门；哪里有路？处处皆路。坪山中心公园的迷人之处正是无所不在的绿色（殷秀明 拍摄）

庚子革命首义中山纪念学校的群雕，今日还原并不难，那难的是什么？（殷秀明 拍摄）

1958年建起的三洲田水库，深藏了庚子首义的故事（殷秀明 拍摄）

炳娣们生存的地方，那时还没有东部华侨城，也不见山上金佛，碧岭还称“北岭”。炳娣们日夜辛苦劳作，偶有翻过打鼓岭，绕过梅沙尖，去海边的盐田赶一趟圩，便是最高兴的（殷秀明 拍摄）

炳娣们去坪山赶圩，不论黄竹坑还是汤坑抑或碧岭，都只有田间小路，途中的大万围（大万世居）就是可以歇脚的地方（殷秀明 拍摄）

客家围龙屋里的家家户户，都有一个和天相接的天井（殷秀明 拍摄）

大万世居，建于乾隆年间，占地约1.6万平方米，三堂六横四角楼，四角建炮楼。内围四个阁楼和外围四个阁楼，称八阁走马楼。外围高墙相连，墙上走马廊相通。夯土墙、木梁架、灰瓦顶，正面大门楼，门前大禾坪、半月池，典型的清代城堡式客家围龙屋（殷秀明 拍摄）

羅氏宗祠
三槐家風

庚子首义举旗地点，马峦山中的罗氏宗祠（殷秀明 拍摄）

031

总序

《我们深圳》？

是的。我们，而且深圳。

所谓“我们”，就是深圳人：长居深圳的人，暂居深圳的人，曾经在深圳生活的人，准备来深圳闯荡的人；是所有关注、关心、关爱深圳的人。

所谓“深圳”，就是我们脚下、眼前、心中的城市：是深圳市，也是深圳经济特区；是撤关以前的关内外，也是撤关以后的大特区；是1978年以来的改革热土，也是特区建立之前的南国边陲；是现实的深圳，也是过去的深圳、未来的深圳。

《我们深圳》丛书，因“我们”而起，为“深圳”而生。

这是一套“故园家底”丛书，它会告诉我们：深圳从哪里来，到哪里去，路边有何独特风景，地下有何文化遗存。我们曾经唱过什么歌，跳过什么舞，点过什么灯，吃过什么饭，住过什么房，做过什么梦……

这是一套“城市英雄”丛书，它将一一呈现：在深圳，为深圳，谁曾经披荆斩棘，谁曾经独立潮头，谁曾经大刀阔斧，谁曾经侠胆柔情，谁曾经出生入死，谁曾经隐姓埋名……

这是一套“蓝天绿地”丛书，它将带领我们遨游深圳天空，观测南来北往的鸟，领略聚散不定的云，呼叫千姿百态的花与树，触碰神出鬼没的兽与虫。当然，还要去海底寻珊瑚，去古村采异草，去离岛逗灵猴，去深巷听传奇……

这是一套“都市精灵”丛书，它会把美好引来，把未来引来。科技的、设计的、建筑的、文化的、创意的、艺术的……这座城市，已经并且正在创造如此之多的奇迹与快乐，我们将召唤它们，吟诵它们，编织它们，期待它们次第登场，一一重现。

这套书，是都市的，是时代的。

是注重图文的，是讲究品质的。

是故事的，是好读的，是可爱的，是美妙的。

是用来激活记忆的，是拿来珍藏岁月的。

《我们深圳》，是你的！

胡洪侠

2016年9月4日

序言

天跌落来当棉被盖

作为女性，我很关注女人在大时代中的命运和悲欢喜乐。在深圳生活和工作三十多年，研究这个区域的历史文化，感觉到这是一座未被多少人认识的富矿。看待历史有无数的角度，无论从哪一个角度切入，都是寻找这个地域历史与文化的秘密通道，都是有历史价值和人文价值的。如果从女性的角度观察这个地域的历史与文化，是否也很有意义和价值呢？感谢作家张黎明女士给了我一个难得的机会！在新冠肺炎疫情肆虐之际，她潜伏山野完成了一部新书，邀请我为她的新书《坪山女人：生于1893》作序，说是在乎我的理解与真诚，还有我们的一拍即合。基于对她的敬佩，当然也是因为自己特别好奇这本新书，于是答应为这本书作序。用了端午节时光，认真读完了此书。这本新书正是从女性命运角度书写女性一生与这个世界的密切关系。

书名用了三个关键词："坪山""女人"与"1893"，地域、性别与年代，组成一个故事，追寻一个家族女人的百年悲欢离合。为什么写坪山女人？坪山在哪里？为什么从1893年开始？因为坪山是张黎明的老家，所写的女主角其实是她的祖母，以及她的舅婆等家族女人。这是一部家族史，也是一部祖母传。这极大地引起了我的阅读兴趣。

坪山是深圳东北区域的客家人聚集地区，也是具有革命传统的地区。它与惠阳相邻。那里有许多客家人的村落，有许多座客家围屋，讲客家方言，习客家风俗，出客家人才；那里也是深圳地区的革命发源地之一和广东人民抗日游击队东江纵队的发源地，具有深厚的革命传统。从力图推翻清王朝的“庚子首义”，到抗日战争时期的东江纵队开展游击战争，坪山都是这些重大历史事件的发生地。这些重大历史事件不仅对一个地区的发展走向和变化趋势产生深刻影响，也对一座村庄或一个家族、一个人的命运产生不可回避的影响。张黎明的家乡坪山汤坑和祖母的娘家黄竹坑也毫不例外地被卷入了中国大时代的洪流中。

祖母邱炳娣和舅婆林氏一生的经历是同时代客家女人一生的缩影，也是同时代中国女人命运的缩影。祖母邱炳娣出生的1893年，那时正是中国历史大变革的前夜。她生儿育女，在风雨飘摇中含辛茹苦挑起家庭的重担。炳娣生在黄竹坑，嫁到汤坑，大字不识一个，包办婚姻来到张家，拜堂一个月不识老公面目，但每天屋里屋外犁田耙田、烧火做饭不停地干。每天丈夫吹灯上床，而炳娣起早摸黑干活，日子一天天过下去，她先后生下了六个男孩和一个女孩。她的地位改变过吗？没有！从清朝到民国，除了男人没有了辫子，男人还是旧日的男人，只要女人稍有不当就被破口大骂，炳娣是从来不敢造反和离婚的，因为男人是她的天。炳娣领着一家大小种田，犁田耕田，插秧割稻，晒谷舂米，其实她才是这个家真真正正的天。日本鬼子来了，大饥荒来了，丈夫病死了，天似乎塌下来了，所有的灾难她都要面对，没有人帮，唯有自己咬紧牙关挺过去。一个儿子参加东纵抗日去了，一个弟弟和一个儿子出番（闽粤方言，指离开故土出国谋生）了，没有一个男人为她挡风雨，更不用说呵护她照顾她，种种磨难接踵而至，她都不能躲避或躺倒，只能挺身而上。所以炳娣的人生名言“天跌落来当棉被盖”，比世界上所有哲学家的名言都铿锵有力和接地气。这是一位坚强乐观的女人！是一位命硬而不屈的母亲！同人不同命，炳娣的弟媳林氏在拜堂前夜新郎居然消失了，因为新郎不满意包办婚姻“跑路”了。这一跑就是一辈子，这个新娘被迫与一只生猛的大公鸡拜了堂，真的是应了那句古语：嫁鸡随鸡，嫁狗随狗。她在张家一待就是一辈子，而新郎漂泊到了大西洋一个小岛成家立业也是一辈子，仅有的一次见面也是三十多年后，而且带着怨愤！这又是一个可悲女人的命运！她们是客家女人一生的缩影，也是坪山女人命运的缩影，当然也是旧时代中国女人命运的缩影。少数出身富裕家庭的女人会有受到良好教育和过好日子的机会，像同县的西乡女人郑毓秀，家境好，出国留学，成为中国近代以来第一位法学女博士、第一位女律师、第一位省级女性政务官等等，这是凤毛麟角的女性。郑毓秀比邱炳娣小三岁，是同一时代的女人。但旧中国更广大女性的命运是像邱炳娣一样的人生。所以炳娣的一生很有代表性。

炳娣出生和成长的年代，正是中国处于山河破碎、民族危难、社会巨变、思潮涌动的时代。她的一生贯穿清末、民国、中华人民共和国三个时期，进入新中国后，她进城随子孙生活，一直活到深圳经济特区建立的第二年，可谓是与国家风雨同舟。

张黎明早在青年时代就想写其祖母的一生，但直到三十多年后才完成这本书。正如她所说，“写此书的初衷是寻找以往的炳娣，找着找着却发现我找到了自己和那浅浅的河”。其实那条河是岁月的象征，是童年美好的记忆，是张黎明最眷恋的时光地标。多年来，张黎明一直在心里呐喊：一个女人的生命是如何被淹没的？对其在张家无儿无女孤独过一辈子的舅婆，她喃喃自语：“这座大屋框定了她的一生，仰止于高高挂在墙壁的照片，低首光阴之间，她真就无怨无悔？她不无怨无悔又能改变什么？”是啊，确实改变不了什么。其实，作者写这本书，是为了怀念祖母等家族女人，是为了寻找淹没在岁月深处历史烟云中的千千万万像祖母、舅婆一样的女人，是为了寻找纠缠一生的乡愁！写祖母，写舅婆，写家族里的亲人，其实是写家族史，写千千万万人的乡愁史。诗人余光中一首《乡愁》感人至深：“小时候，乡愁是一枚小小的邮票，我在这头，母亲在那头。”2019年12月，习近平总书记在北京也意味深长地说：“让城市留住记忆，让人们记住乡愁。”可见乡愁是人类共同的情感记忆。张黎明生活在城市，但从小在祖母关爱陪护下长大，又在不同时期回到故乡，她的人生轨迹充满着祖母的笑容、祖母的说唱、祖母的悲欢。因此，读她这本家族史，心灵是深受震撼的、是被感动的！

吸引我阅读这本书的还有一个重要因素，这是张黎明与女儿廖铮共同写作的（第一和第二章正文、第三章章前语为张黎明所写，第一和第二章章前语、第三章正文部分为廖铮所写）。两代人的视野与感受各有千秋，遥相呼应，把三代女人紧紧联系在一起，这是中华民族所崇尚的“根”与“血脉”，穿越时空，密不可分。廖铮作为家族的新生代，为了追寻近百年来家族在海外的“根”，不远万里、独自一人到了大西洋一个小岛国，一段久远的历史慢慢打开。这个家族的新生代沉思：“回看这些近乎一百年以前生活在坪山的客家女人们，我的曾外祖母炳娣、太舅婆林氏和千百个她们，同一片土地，时空相隔，似乎只能够模糊地看见‘无力’和‘压抑’，可是我不愿意，将她们所有的忤逆、悲愤、希望、欢喜，笼统地概括为这两个形容词，仿佛她们只是那一个灰暗的时代中，千人一面的悲惨，而我们可以高高在上地悲悯她们。”当然，廖铮毕竟是新生代，与老一辈女人的命运已大不相同，因此，她感慨：“我很庆幸，一百年的时间更迭，这一片土地上，我们有了更多的选择。”母女两代人有共同的思想血脉，通过两代人的视野与感受，写出了客家女人及其所在家族的命运与纠结，带给读者更多的是对历史的思考、对命运的追寻、对客家女人坚强品格的敬佩！

这本书不仅是祖母传、家族史，也是革命史和华侨史，一个家族的历史连贯了客家女人史、革命史、抗战史和华侨史，从中华大地一个边陲小村落到遥远大西洋上一个小岛，时空穿越无比吸引人，具有丰富的历史内涵与信息量。这也正是这本书的价值所在。母女两人的深厚情感与优美的文笔，使这本书具有可读性和迷人的情感张力。我相信其历史价值和可读性将使其成为一本很受欢迎的图书。这本书作为全面记录深圳人文历史的《我们深圳》

丛书中的一本，将闪耀出不寻常的光芒！

感谢张黎明和廖铮母女给读者奉献了这本不一般的图书！感谢深圳报业集团出版社慧眼识珠给了这本书出版的机会！

黄玲

2020年6月27日

于深圳方志馆

该序作者系广东中共党史学会、广东党史人物研究会副会长，深圳市史志办公室巡视员，深圳市方志馆馆长

目录
CONTENTS

是外公太中意的生肖，而威武的“虎”才是。人本无法选择自己的属相，但在“没有选择”中，固执地创造选项，这的确很“张德”，也是另一种“天跌落来当棉被盖”吧。我们是坪
缸中，长辈们说里面有我们家祖先。不记得我是如何理解了这意味着面前的缸有“骷髅骨”，并且被其他缸中的上百个“骷髅骨”包围着。在惊悚中我紧跟着爸爸妈妈，或者紧拉着表
中。可这概念是模糊的，那时候连客家话都不会说的我，只觉得这是个略显诡异的葬俗。后来，又听人说起客家女人的大脚。想象着在“小脚”风行的时候，那些异类的大脚们，在山
欣赏自豪。然而，即使是这些自由的大脚们，在那个年代，仍然只能“拜堂一个月还不知道丈夫是谁”……1981年的秋天，88岁的祖母邱炳娣在家乡去世，我们去送她最后一程。我的家
差地别的偶然之错，让“高另”沿用至2019年的今天，它属深圳市坪山新区碧岭街道办事处汤坑社区。20世纪70年代中末期，炳娣脑梗中风，佛山城里的医生说她年龄太大，没有治疗
的愿望。父亲遵从她的愿望，专程送她返回家乡坪山汤坑。从此，她和小儿子以及孙女们一起生活，没有离开过祖屋几百平方米的范围，天气晴朗的日子会在院子里晒晒太阳，80多岁
一根绳索上，逃不掉就索性忘记它，忘记存在的时间，成了这一场“死”的准备。因为过早准备她即将离开的事实，当死讯降临的时候反倒波澜不惊了。我默默跟着父亲张德（大朋），
失平静，跌宕不过像几点阳光洒落时不小心溅在枯萎的落叶上，记忆在晃来晃去的时间缝隙中偶尔一闪，落在杂碎的现实中。车子行走在深圳东北部的坪山盆地，四周的山峦凹缝里散落
三洲田水库在西面，坪山河流过村北，汤坑和黄竹坑隔着一小山坡，和碧岭连着一脉水。车窗之外的“高另”离我越来越近，炳娣的“死”被我刻意挪到一个自信可以冷观的位置，与
圈里有妇人低声哼唱。之前，我参加过城里七八宗追悼会，殡仪馆的美容师为“死亡”美容，努力消除人们的恐惧。我肯定祖母不会像电影里盖着干净白布，也不像殡仪馆涂了脂粉，
众人恭恭敬敬地把父亲让进圈里。我也跟着挤进去，毫无准备地看到了摆放在硬地草席上的——所有的来人，亲近如父亲和我，疏离如一点点沾亲带故的同族村人，全都默然地看着祖
迫窒息感，来了。冷冰冰且透不过气的重量，踏在我的胸膛上，击中我一路而来的冷静，不知不觉和屋子里的人，冰柱子似地凝固在一起，竖在炳娣的四周。只有一个人在动，一个干
我幼时第一次回乡，没有车，我和弟弟就坐在她挑的一担箩筐里，一人坐一只晃荡的筐。可我已经认不出她了，也不知道她的名字，直到我为了写这一本书，找到了家族中的长者天送
的故事。看外公在那些艰难的日子里，倔强挣扎。已有战祸，又受天灾，当遍野的伤饿病成为日常，邱炳娣把一句“天跌落来当棉被盖”，硬邦邦地怼给焦虑。我们这个时代的焦虑，多
没有太多的选择，甚至没有选择，只有“活下去”，天跌落来当棉被盖。有件事常被我拿来当外公的趣事讲：小学生的我曾问外公属什么生肖？他斩钉截铁说是虎！一推算却发现他属
对于出生在市区的我，小时候的坪山非常遥远，那里叫做“乡下”。一年只去一次，在崎岖的泥泞路上下颠簸，最后会到达“阴城”。一幢幢暗灰的小房子中有一瓮瓮黑沉的缸，其中
直到切祭品乳猪的时候，我才暂时忘掉恐惧，又小欢欣起来，期待着分到一块连皮带肉的脆皮乳猪……这是一年一次的“拜山”，也是在这里，我第一次对客家人有了概念：我们客家
奔忙。小脚女人褪下缠足布，出现的是一双扭曲畸形的脚。但想必客家女人的大脚，也多如曾外祖母邱炳娣，沟壑样的皱褶裂满脚踝，不美。这种丑陋，在那关于“客家人”的模糊概
高另村，据说1928年从不远的老张屋村迁此地建村，因地势较周边高故取名高岭，奔丧这年村子还叫高岭，何以更名“高另”？1990年建设横坪路，村子迁址在原村旁重建，“岭”错写
入院，且所有探访的亲友看到昏沉不醒的她，都判断她不久于人世。我们都堕入了等待的E 章叙述。结果，炳娣渐渐醒了，半身不遂，但还能够表达死后不火葬
不太清醒，身体状况也时好时坏。她或清醒或糊涂地等待着死的这一刻有多长？2年？3年？ 家已从最初的哀痛缓过来了，似乎都在努力不去想逼近的时刻，时间把
坪山，再从坪山到汤坑那个他出生的小村子，尽是凹凸不平的黄泥路。车子彳 ，没有像丧失至亲那样嚎啕或哀鸣，车窗不时倾斜一霎又正回来了，
，车窗外，一畦一畦的稻田和一丘一丘的矮山，包裹着绵延曲折且不知名的 着千丝万缕关系的小村落，其中的汤坑和我最为密切，附近有海拔约
照生命终结，竟然有丝丝如分娩那样伴随了痛苦的欣喜，超越了悲哀伤痛……我跟着父亲踏进祖屋。　客家大屋的窗子比簸箕大不了多少，近30平米的厅堂不太明亮，脚一落门就看到
或卧室的床上。我笃定地跟着父亲一直往前走，那圈人看到我父亲都让开了一条缝，歌声也停了。伯父早在40年前病逝，接着祖父在1943年的广东大旱之年得热瘟去世了，从此父亲就
，裸着身子的炳娣……赤裸的一具尸身，如此不商不量闯过来，我好像被什么重物击中了。她死了，没有更好的词语可以形容这刻，无法呼吸的一种重，就是平日毫无感觉的空气突然
，好像地豆（花生）叶子那么一点点，比炳娣的尸体还短小半截，她衣着整齐，戴着耳环和镯，这些身外物晃晃荡荡显得她更细小单薄。没想到她就是我早就认识的黄竹坑（炳娣娘
只知道她姓罗。舅婆为祖母洗“尸”，她蹲在大铜盘边，捋起宽阔的衣袖，镯子不时碰撞铜盘，“噹”的一声穿过尸体又穿过我。她弯曲的指像常见的僵硬的鸡咀，叼起小毛巾，从脸
嵌进肉里的硬币，怎么也抹不去，她干脆扔了布片，大拇指搓揉了又搓揉，疤始终没拿掉。她两手拶住祖母的手指，可怎么也捋不直曲凸的骨节。她紧阖的嘴张开，身子如一块摇晃的
扭毛巾，洗刷擦拭的声音伴随了舅婆的低语，轻若霪雨若隐若现飘落在昏暗中，这些声响令看上去不露表情的人们也不禁打寒颤，分辨不了这低浊如哭又如笑的嗡动从舅婆的咽喉还是
住盆骨一推，“嘎”的一声飘了出来，声音小小却惊得人一颤，尸体听话地半侧了。她看也不看我们这群祖母的众多子孙，这章节还没有读完，就想起了《道德经》说的“天地不仁，
当遍野的伤饿病成为日常，邱炳娣把一句“天跌落来当棉被盖”，硬邦邦地怼给焦虑。我们这个时代的焦虑，多来自“选择”：哪一种生活方式，是“北漂、沪漂、深漂”，还是“
。有件事常被我拿来当外公的趣事讲：小学生的我曾问外公属什么生肖？他斩钉截铁说是虎！一推算却发现他属鸡，显然鸡不是外公太中意的生肖，而威武的“虎”才是。人本无法
一年只去一次，在崎岖的泥泞路上下颠簸，最后会到达“阴城”。一幢幢暗灰的小房子中有一瓮瓮黑沉的缸，其中一幢小房子的缸中，长辈们说里面有我们家祖先。不记得我是如何理
分到一块连皮带肉的脆皮乳猪……这是一年一次的“拜山”，也是在这里，我第一次对客家人有了概念：我们客家人，祖先在瓮中。可这概念是模糊的，那时候连客家话都不会说的我
家女人的大脚，也多如曾外祖母邱炳娣，沟壑样的皱褶裂满脚踝，不美。这种丑陋，在那关于“客家人”的模糊概念上，加了些欣赏自豪。然而，即使是这些自由的大脚们，在那个年
名高岭，奔丧这年村子还叫高岭，何以更名“高另”？1990年建设横坪路，村子迁址在原村旁重建，“岭”错写为“另”，这天差地别的偶然之错，让“高另”沿用至2019年的今天，
们都堕入了等待的日子，这煎熬的过程将另章叙述。结果，炳娣渐渐醒了，半身不遂，但还能够表达死后不火葬，要埋在家乡的愿望。父亲遵从她的愿望，专程送她返回家乡坪山汤坑
有多长？2年？3年？4年？等待再等待，大家已从最初的哀痛缓过来了，似乎都在努力不去想逼近的时刻，时间把我们牢牢圈在一根绳索上，逃不掉就索性忘记它，忘记存在的时间，
车子行进在颠簸的途中，我和父亲一直沉默，没有像丧失至亲那样嚎啕或哀鸣，车窗不时倾斜一霎又正回来了，坑坑洼洼也无失平静，跌宕不过像几点阳光洒落时不小心溅在枯萎的落
名的回乡路。车子越来越接近那几个和我有着千丝万缕关系的小村落，其中的汤坑和我最为密切，附近有海拔约526米的打鼓岭，三洲田水库在西面，坪山河流过村北，汤坑和黄竹坑隔
痛……我跟着父亲踏进祖屋。　客家大屋的窗子比簸箕大不了多少，近30平米的厅堂不太明亮，脚一落门就看到角落围着一圈人，圈里有妇人低声哼唱。之前，我参加过城里七八宗追
开了一条缝，歌声也停了。伯父早在40年前病逝，接着祖父在1943年的广东大旱之年得热瘟去世了，从此父亲就是顶梁的男丁，众人恭恭敬敬地把父亲让进圈里。我也跟着挤进去，毫
被什么重物击中了。她死了，没有更好的词语可以形容这刻，无法呼吸的一种重，就是平日毫无感觉的空气突然撤离的那种压迫窒息感，来了。冷冰冰且透不过气的重量，踏在我的
衣着整齐，戴着耳环和镯，这些身外物晃晃荡荡显得她更细小单薄。没想到她就是我早就认识的黄竹坑（炳娣娘家）的舅婆，我幼时第一次回乡，没有车，我和弟弟就坐在她挑的一担
袖，镯子不时碰撞铜盘，“噹”的一声穿过尸体又穿过我。她弯曲的指像常见的僵硬的鸡咀，叼起小毛巾，从脸开始啄一直啄到阴部，她俯低脑袋，食指抵住毛巾，令人狐疑地一点一
揉，疤始终没拿掉。她两手拶住祖母的手指，可怎么也捋不直曲凸的骨节。她紧阖的嘴张开，身子如一块摇晃的板不时向祖母的尸身歪斜，手落在祖母赤条条的胸脯上，翻了翻曾经最
昏暗中，这些声响令看上去不露表情的人们也不禁打寒颤，分辨不了这低浊如哭又如笑的嗡动从舅婆的咽喉还是从尸身爬出。我呼吸微弱，颈脖被千斤鼎压垮似的直不起来，阴沉箍牢
话地半侧了。她看也不看我们这群祖母的众多子孙，抓了一条裸着的小腿，我一下看到祖母一处不曾结疤的小伤口，祖母死前摔了一跤？ “啪啪”的几下，舅婆枯干的巴掌果断有力
，在场人默默无言，好像都知道她们之间有着至死不解的结。女人们开始摆动着脑壳和肩膀，除了乡下的婶婶，还有广州的姊姊和我的母亲都很自然地蹲下，没有导演和排练过却互相
。白发太稀，梳杷显大了，银发丝丝竟然一颤一跳就滑溜去了，让这样的临别梳头有了些儿活气，看上去极其温情，令我有一阵觉得躺在硬地上的祖母只是睡了，身上的冰冷似有一点
了婚姻自由，男人就把父母指定的她休了，很羞耻也怕娘家嫌弃，走投无路时，祖母留下她如母女来往。几乎每年祖母都会带上我或弟弟，坐上广州至梧州的客船，去封开去德庆，看
触景而唱，哭“阿婆”或哭“阿咪”，于我陌生但血缘亲近的女人们都以大同小异的哭唱和炳娣告别，亲近如我堂姐妹那等辈分的就跪着哭唱……这就是我们客家人的告别仪式。我有
说时，这天的细节一下子好像岩石地底的泉涌而出，只有她们的歌词很空白，我找到了一首客家人的哭丧歌资料。抓了一条裸着的小腿，我一下看到祖母一处不曾结疤的小伤口，祖
舅婆，也就是祖母弟弟的妻子，她终于说出自己比炳娣长命的优势，在场人默默无言，好像都知道她们之间有着至死不解的结。女人们开始摆动着脑壳和肩膀，除了乡下的婶婶，还有
大木梳，挪到祖母的脑壳上方，一下又一下梳理着几根稀疏的白发。白发太稀，梳杷显大了，银发丝丝竟然一颤一跳就滑溜去了，让这样的临别梳头有了些儿活气，看上去极其温情，
有一点血缘关系。她曾经是汤坑人的媳妇，因为20世纪50年代兴起了婚姻自由，男人就把父母指定的她休了，很羞耻也怕娘家嫌弃，走投无路时，祖母留下她如母女来往。几乎每年祖
一屋子，村里的女人们没有强迫，也似乎没有次序，一个接着一个触景而唱，哭“阿婆”或哭“阿咪”，于我陌生但血缘亲近的女人们都以大同小异的哭唱和炳娣告别，亲近如我堂妹
以为这一天随着祖母的入土也就去了。可当20世纪90年代想写一部小说时，这天的细节一下子好像岩石地底的泉涌而出，只有她们的歌词很空白，我找到了

出生在市区的我，小时候的坪山非常遥远，那里叫做“乡下”。一年只去一次，在崎岖的泥
切祭品乳猪的时候，我才暂时忘掉恐惧，又小欢欣起来，期待着分到一块连皮带肉
。小脚女人褪下缠足布，出现的是一双扭曲畸形的脚。但想必客家女人的大脚，也多如曾外祖母邱炳
，据说1928年从不远的老张屋村迁此地建村，因地势较
，且所有探访的亲友看到昏沉不醒的
清醒，身体状况也时好时坏。她或清醒或糊涂地等待着死的这一刻
，再从坪山到汤坑那个他出生的小村子，尽是凹凸不平的黄泥路。车子行进在
窗外，一畦一畦的稻田和一丘一丘的矮山，包裹
命终结，竟然有丝丝如分娩那样伴随了痛苦的欣喜，超越了悲哀伤痛……我跟
室的床上。我笃定地跟着父亲一直往前走，那圈人看
着身子的炳娣……赤裸的一具尸身，如此不商不量闯过来，我
好像地豆（花生）叫了那么一点点，比炳娣的尸
还没有读完，就想起了《道德经》说的“天地不仁，以万物
一种生活方式，是“
公太中意的生肖，而威武的“虎”才是。人本无法选择自己
，长辈们说里面有我们家祖先。不记得我是如何理解了这意味
可这概念是模糊的，那时候连
自豪。然而，即使是这些自由的大脚们，在那个年代，仍然只能“拜堂一个月
地别的偶然之错，让“高另”沿
望。父亲遵从她的愿望，专程送她返回家乡坪山
根绳索上，逃不掉就索性忘记它，忘记存在的时间，成了这一
静，跌宕不过像几点阳光洒落时不小心溅在枯萎的落叶
三洲田水库在西面，坪山河流过村北，汤坑和黄竹坑
圈里有妇人低声哼唱。之前，我参加过城里七八宗追悼会，殡仪
人恭恭敬敬地把父亲让进圈里。我也跟着挤进去，毫
息感，来了。冷冰冰且透
时第一次回乡，没有车，我和弟弟就坐
部，她俯低脑袋，食指抵住毛巾，令人狐疑地一
身歪斜，手落在祖母
吸微弱，颈脖被千斤鼎压垮似的
早听闻那是个极糟糕的年代，却像是发生在别人
一种消费方式，是“消费升级”，还是“消费降级”？；
但在“没有选择”中，
的缸有“骷髅骨”，并且被其他缸中的上百个“骷髅骨”
显诡异的葬俗。后来，又听人说起
堂一个月还不知道丈夫是谁”……1981年的
区碧岭街道办事处汤坑社区。20世纪70年代中末期
儿子以及孙女们一起生活，没有离开过祖屋几百平方米的范围，天气晴朗的日子
的准备。因为过早准备她即将离开的事实，当死讯降临的时候反倒
晃去的时间缝隙中偶尔一闪，落在杂碎的现实中。车子行走
碧岭连着一脉水。车窗之外的“高另”离我越来越近，炳娣的“死
容师为“死亡”美容，努力消除人
放在硬地草席上的——所有的来人，亲近如父
路而来的冷静，不知不觉和屋子里的人，冰
一只晃荡的筐。可我已经认不出她了，也不知道她的名字，直到我为了写这一本
有抠不尽的什么？她抬眼转向身边的人，浑浊不清的眼神缓缓扫了一圈，然
已经空荡荡连耷拉的内容都没有了，她按着皱褶龟缩的一张
舅婆还是祖母身上爬出来的重量。我很想
打碎了。舅婆浑浊的声音变得清晰尖利：有男人好
抖开崭新的寿服、寿鞋套住祖母……最
轻轻地哭，男人们依旧无声站立。一声“阿咪”（
娣亲生的女儿玉芳姑姑。或许因为她来晚了，她跪在祖
融入，可不会唱这些随口而出的词，显得格格不入，幸好没有人因为
“啪啪”的几下，舅婆枯干的巴掌果断有力清脆地把我的疑问打碎了。舅
的母亲都很自然地蹲下，没有导演和排练过却互相配合得天衣无缝，
躺在硬地上的祖母只是睡了，身上的冰冷似有一点点融化
弟，坐上广州至梧州的客船，去封开去德庆，看她和另外一位炳娣亲生的女
跪着哭唱……这就是我们客家人的告别仪式。我有点惶恐，有点想融入，可不会

已有**战祸**，又受天灾，当**饿殍遍野**成为日常，邱炳娣把一句『天跌落来当棉被盖』，**硬邦邦地**怼给焦虑。

第一章

天 跌 落 来 当 棉 被 盖

这章节还没有读完，就想起了《道德经》说的“天地不仁，以万物为刍狗”。

早听闻那是个极糟糕的年代，却像是发生在别人家的故事，少了些许现实性。而这里读到的是曾外祖母邱炳娣和外公张德的故事。看外公在那些艰难的日子里，倔强挣扎。已有战祸，又受天灾，当饿殍遍野成为日常，邱炳娣把一句“天跌落来当棉被盖”，硬邦邦地怼给焦虑。

我们这个时代的焦虑，多来自“选择”：哪一种生活方式，是“北漂、沪漂、深漂”，还是“小城小镇”？哪一种消费方式，是“消费升级”，还是“消费降级”？哪一种价值观，是“现代”，还是“传统”？……但邱炳娣们的生活时代没有太多的选择，甚至没有选择，只有“活下去”，天跌落来当棉被盖。

有件事常被我拿来当外公的趣事讲：小学生的我曾问外公属什么生肖，他斩钉截铁说是虎！一推算却发现他属鸡，显然鸡不是外公很中意的生肖，而威武的“虎”才是。人本无法选择自己的属相，但在“没有选择”中，固执地创造选项，也是另一种“天跌落来当棉被盖”吧。

■客家人和女人

我们是坪山的客家人。但对于出生在市区的我，小时候的坪山非常遥远，那里叫作“乡下”。一年只去一次，在崎岖的泥泞路上下颠簸，最后会到达“阴城”。一幢幢暗灰的小房子中有一瓮瓮黑沉的缸，其中一幢小房子的缸中，长辈们说里面有我们家祖先。不记得我是如何理解了这意味着面前的缸里有“骷髅骨”，并且我们被其他缸中的上百个“骷髅骨”包围着。在惊悚中我紧跟着爸爸妈妈，或者紧拉着表哥表姐们的手。直到切祭品乳猪的时候，我才暂时忘掉恐惧，又欢欣起来，期待着分到一块连皮带肉的脆皮乳猪……

这是一年一次的“拜山”，就是在这里，我第一次对客家人有了概念：我们客家人，祖先在瓮中。可这概念是模糊的，那时候连客家话都不会说的我，只觉得这是个略显诡异的葬俗。

后来，又听人说起客家女人的大脚。想象着在“小脚”风行的时候，那些异类的大脚们，在山里、田间、家中穿梭奔忙。小脚女人褪下缠足布，出现的是一双扭曲畸形的脚。但想必客家女人的大脚，也如曾外祖母邱炳娣一样，沟壑样的皱褶裂满脚踝，不美。这种“丑陋”，在那关于“客家人”的模糊概念上，加了些欣赏和自豪。然而，即使是这些自由的大脚们，在那个年代，仍然只能“拜堂一个月还不知道丈夫是谁”……

——廖铮

1981年　88岁的炳娣去世了

1981年的秋天，88岁的祖母邱炳娣在家乡去世，我们去送她最后一程。

我的家乡坪山汤坑高另村，据说1928年从不远的老张屋村迁此地建村，因地势较周边高，故取名高岭。奔丧这年，村子还叫高岭，何以更名“高另”？1990年建设横坪路，村子迁址在原村旁重建，“岭”错写为“另”，这天差地别的偶然之错，让“高另”沿用至2020年的今天，它属深圳市坪山区碧岭街道办事处汤坑社区。

20世纪70年代中末期，炳娣脑梗中风，佛山城里的医生说她年龄太大，没有治疗的意义，不肯收留入院；且所有探访的亲友看到昏沉不醒的她，都判断她将不久于人世。我们都堕入了等待的日子，这煎熬的过程将另章叙述。结果，炳娣渐渐醒了，半身不遂，但还能够表达死后不火葬，要埋在家乡的愿望。父亲遵从她的愿望，专程送她返回家乡坪山汤坑。

从此，她和小儿子以及孙女们一起生活，没有离开过祖屋几百平方米的范围，天气晴朗的日子会在院子里晒晒太阳，80多岁高龄，神志已经不太清醒，身体状况也时好时坏。

她或清醒或糊涂地等待着死的这一刻有多长？2年？3年？4年？

等待再等待，大家已从最初的哀痛中缓过来了，似乎都在努力不去想逼近的时刻，时间把我们牢牢拴在一根绳索上，逃不掉就索性忘记它，忘记存在的时间，成了这一场“死”的准备。因为过早做好了她即将离开的心理准备，当死讯降临的时候反倒波澜不惊了。

我默默跟着父亲张德（又名大朋），从深圳城里到坪山，再从坪山到汤

一张保存在坪山东江纵队纪念馆的1959年坪山全景图（东方照相馆 摄 深圳市东江纵队老战士联谊会 提供）

坑那个他出生的小村子，村里尽是凹凸不平的黄泥路。车子行进在颠簸的途中，我和父亲一直沉默，没有像丧失至亲那样号啕或哀鸣，车窗不时倾斜，一霎又正回来了，坑坑洼洼也不失平静，跌宕不过像几点阳光洒落时不小心溅在枯萎的落叶上，记忆在晃来晃去的时间缝隙中偶尔一闪，落在杂碎的现实中。

车子行走在深圳东北部的坪山盆地，四周的山峦凹缝里散落着许多小村落。车窗外，一畦一畦的稻田和一丘一丘的矮山，包裹着绵延曲折且不知名的回乡路。车子越来越接近那几个和我有着千丝万缕关系的小村落，其中的汤坑和我最为密切，附近有海拔约526米的打鼓岭，三洲田水库在西面，坪山河流过村北，汤坑和黄竹坑隔着一个小山坡，和碧岭连着一脉水。

车窗之外的“高另”离我越来越近，炳娣的“死”被我刻意挪到一个自信可以冷观的位置，与“死”相对的生命终结的观照，竟然有丝丝如分娩那样伴随了痛苦的欣喜，超越了悲哀伤痛……

我跟着父亲踏进祖屋。

客家大屋的窗子比簸箕大不了多少，近30平方米的厅堂不太明亮，脚一落门就看到角落围着一圈人，圈里有妇人低声哼唱。

之前，我参加过城里七八宗追悼会，殡仪馆的美容师为“死亡”美容，努力消除人们的恐惧。我肯定祖母不会像电影里盖着干净白布，也不像殡仪馆涂了脂粉，但会躺在棺材里或卧室的床上。

20世纪90年代后期，汤坑的老屋不再住人，每年中秋祭祖，父亲依旧领着我们去看看它，我们永远的祖屋（张宇明 拍摄）

我笃定地跟着父亲一直往前走，那圈人看到我父亲都让开了一条缝，歌声也停了。伯父早在40年前病逝，接着祖父在1943年的广东大旱之年得热瘟去世了，从此父亲就是顶梁的男丁，众人恭恭敬敬地把父亲让进圈里。

我也跟着挤进去，毫无准备地看到了摆放在硬地草席上的——

所有的来人，亲近如父亲和我，疏离如一点点沾亲带故的同族村人，全都默然地看着摆放在面前的她，裸着身子的炳娣……

赤裸的一具尸身，如此不商不量闯过来，我好像被什么重物击中了。她死了，没有更好的词语可以形容这一刻，无法呼吸的一种重，就是平日毫无感觉的空气突然撤离的那种压迫窒息感，来了。冷冰冰且透不过气的重量，踏在我的胸膛上，击中我一路而来的冷静，不知不觉和屋子里的人，冰柱子似的凝固在一起，竖在炳娣的四周。

只有一个人在动，一个干瘪枯萎的老女人，好像地豆（花生）叶子那么一点点，比炳娣的尸体还短小半截。她衣着整齐，戴着耳环和镯子，这些身外物晃晃荡荡显得她更细小单薄。没想到她就是我早就认识的黄竹坑（炳娣娘家）的舅婆。我幼时第一次回乡，没有车，我和弟弟就坐在她挑的一担箩筐里，一人坐一只晃荡的筐。可我已经认不出她了，也不知道她的名字，直到我为了写这一本书，找到了家族中的长者天送（志忠）叔，也只知道她姓林。

舅婆为祖母洗“尸”，她蹲在大铜盘边，捋起宽阔的衣袖，镯子不时碰撞铜盘，发出“当”的声音，穿过尸体又穿过我。她弯曲的手指像常见的僵硬的鸡嘴，叼起小毛巾，从脸开始啄一直啄到阴部，她俯低身子，食指抵住毛巾，令人狐疑地一点一点抠了又抠，那里有抠不尽的什么？

她抬眼转向身边的人，浑浊不清的眼神缓缓扫了一圈，然后又低垂了脸，抹尸身上的疤痕，大疤和小疤像嵌进肉里的硬币，怎么也抹不去。她干脆扔了布片，大拇指搓揉了又搓揉，疤始终没拿掉。

她两手拶住祖母的手指，可怎么也捋不直曲凸的骨节。

她紧阖的嘴张开，身子如一块摇晃的板不时向祖母的尸身歪斜，手落在祖母赤裸的胸脯上，翻了翻曾经藏了两坨肉的袋子，已经空荡荡连耷拉的内容都没有了，她按着皱褶龟缩的一张皮，搓了搓几根肋骨。

她似乎终于想起自己要干什么，再次蘸水拧毛巾，洗刷擦拭的声音伴随了舅婆的低语，轻若淫雨若隐若现飘落在昏暗中，这些声响令看上去不露表情的人们也不禁打寒战，分辨不了这低浊如哭又如笑的嗡动是从舅婆的咽喉里还是从尸身中爬出的。

我呼吸微弱，颈脖被千斤顶压垮似的直不起来，阴沉箍牢了我，不知道是从舅婆还是从祖母身上爬出来的重量。

我很想闭眼躲避，可眼睛不属于自己似的偏偏大睁着。

舅婆突然昂起已经没有牙的嘴并拽住盆骨一推，“嗄”的一声飘了出来，声音小却惊得人一颤，尸体听话地半侧了。

她看也不看我们这群祖母的众多子孙，抓了一条裸着的小腿，我一下看到祖母一处不曾结疤的小伤口，祖母生前摔了一跤？“啪啪”的几下，舅婆枯干的巴掌果断有力清脆地把我的疑问打碎了。

舅婆浑浊的声音变得清晰尖利：有男人好？冇男人好？敢多奶仔都冇用，哪人长命？（**这么多的儿子又如何，谁长命？**）

舅婆，也就是祖母弟弟的妻子，她终于说出自己比炳娣长命的优势，在场人默默无言，好像都知道她们之间有着至死不解的结。

女人们开始摆动着脑壳和肩膀，除了乡下的婶婶，还有广州的婶婶和我的母亲都很自然地蹲下，没有导演和排练过却互相配合得天衣无缝，抖开崭新的寿服、寿鞋套住祖母……最让我不解的是广州的玉芝婶婶，她可是地道的湖南人，竟也熟络如这群客家女人，拿了一把大木梳，挪到祖母的脑壳上方，一下又一下梳理着几根稀疏的白发。

白发太稀，梳齿缝显大了，银发丝丝竟然一颤一跳就滑溜去了，让这样的临别梳头有了些儿活气，看上去极其温情，令我有一阵觉得躺在硬地上的祖母只是睡了，身上的冰冷似有一点点融化。

妇人们轻轻地哭，男人们依旧无声站立。

一声“阿咪”（阿妈）冲进屋里，戊英姑姑从粤西封开赶来了。我从小就喊她姑姑，但其实我俩并没有一点血缘关系。她曾经是汤坑人的媳妇，因为20世纪50年代兴起了婚姻自由，男人就把父母指定的她休了，她很羞耻也怕娘家嫌弃，走投无路时，祖母留下她，如母女般来往。后来几乎每年祖母都会带上我或弟弟，坐上广州至梧州的客船，去封开去德庆，看她和另外一位炳娣亲生的女儿玉芳姑姑。

或许因为她来晚了，她跪在祖母的身边哭，哼和唱混在一起的哭，悲痛至极顿感凄凉，如歌如泣弥漫了一屋子。村里的女人们没有强迫，也似乎没有次序，一个接着一个触景而唱，哭“阿婆”或哭“阿咪”，于我陌生但血缘亲近的女人们都以大同小异的哭唱和炳娣告别，亲近如我堂姐妹那等辈分的就跪着哭唱……

这就是我们客家人的告别仪式。

我有点惶恐，有点想融入，可不会唱这些随口而出的词，显得格格不入，幸好没有人因为我一直站着而鄙夷我。

1981年秋末，我的祖母邱炳娣走了。我以为这一天随着祖母的入土也就去了，可当20世纪90年代想写一部小说时，这天的细节一下子好像岩石地底的泉喷涌而出，只有她们的歌词很空白。我找到了一首客家人的哭丧歌资料。

> 啀（我）来去死哟——
>
> 死了共屋共棺材，

三月清明烧粗纸，
纸宝蜡烛俩人开。

来去死——
死嘿哪还叫得生？
死嘿哪还叫得返？
阴间路上哪人行？

来去死哟——
死落黄泉路上行，
黄泉路上添新客，
阳间路上那人行。

坪山的客家习俗都是中秋前后祭祖，这首哭丧歌却是清明祭祖。回想那天，家族的女人们唱的哭丧歌和这首哭丧歌不太一样，她们唱得更具体，来自相处的日常细节，歌唱祖母付出的辛苦和恩情，带着哭的腔调随口唱出大白话……

2019年和堂姐妹们说起这一天，她们记住了年份，我说出了细节。

她们问我，为什么记得这样清楚？我也吃了一惊，没有做任何记录却让我一生不忘。

奔丧那天，或许就在我被打击成冰柱的一刻，这一点一滴和我冰成了一体，难道这就是炳娣执着归乡的理由？往日她一定见过的祖上亲人这样“不加掩饰”的死，如今这种刻骨的生命感觉也这样留存我身，几十年来和我共存，它慢慢复活，或许说从来就没有消逝，我的寻觅和探究也从那一天开始，发自生命的本能。

1893年　生在坪山黄竹坑

1893年（清光绪十九年），炳娣出生在坪山黄竹坑村。

坪山，除了以圩镇为中心的盆地，还有四面绵延的山。夹在山坳之间的小村好比一颗颗散散落落的珠子，村和村之间没有路，田间蜿蜒的小田埂四通八达。这带子似的小窄路似乎无目的地延伸，有往西至汤坑、碧岭的，半道有条往南的小岔路，小路尽头就在马峦山脉下，凹在山边有个不到百户人家的小村子就是黄竹坑。

她是父母的头一个女儿，寄托着家族的希望，名字含了一个“娣”字。

其实，娣的字面解释有多种意思，有“古代姐妹共嫁一夫，幼为娣，长为姒”，也有“古代诸妾中的年幼者”，还有 “兄妻称弟妻为娣妇”，等等。

1893年，炳娣出生在左边的瓦屋。那时还没有右边的三层小楼（张黎明 拍摄）

黄竹坑开门所见的就是马峦山脉，山中有个叫“马栏头”（马峦村）的小村子（张黎明 拍摄）

炳娣无数次行走在通往马峦山的小路上（张黎明 拍摄）

在客家女人中，“娣”是那个年代最流行的名字，并非以上诸多的字面解释，看看她们的“招娣”“莲娣”“带娣”“来娣”“进娣”“有娣”“兴娣”“旺娣”……客家的家族传统里其实只有一个解释，“女”字旁边的“弟”，直直白白的来一个弟弟（男丁），毫不隐讳的男丁祈盼才是这一个“娣”的真正含义。

生在普通人家就像所有的普通女孩，人还没有懂事就得懂干活，跟着家里的长者，能干什么就干什么，洗碗、浇水、摘菜、烧火、做饭是最简单的，接着就是农忙时跟着母亲下地插秧割禾种番薯、地豆（花生），农闲时节上山割草砍柴……

谁可以想象没有桌子高的小女孩炳娣上山砍柴草的情景？通往马峦山仅有弯弯曲曲的小径，一进山就没有路了，炳娣脚上也没有鞋，除了茂密的山草还是山草以及蛇虫鼠蚁。这些比炳娣身子更高的山草，淹没了她的童年……读书对于她，是连做梦也不敢想的事情。

1900年（**清光绪二十六年，庚子年**），炳娣七岁，10月8日（**农历闰八月十三**），孙中山委托的兴中会会员郑士良，率领会党和百姓600余人在三洲田起义。这可是20世纪第一次较大规模的反清武装起义，史称“三洲田起义”，也有称“惠州起义”或“庚子首义”。

如今关于“三洲田起义”，360百科、百度百科等等都有相关条目详尽记录。这三洲田在哪里？

三洲田窝在马峦山脉的群山之中，东面鸡公髻，西面鹅公髻，北面打鼓岭，往南就是梅沙尖，不大的盆地住有近百户人家。义军何以聚此筹谋反清？山势险峻如天然堡垒便于隐蔽，出山又有海陆路方便出击，而三洲田村一带的客家人有自幼习拳的传统，聚集了不少青壮年。

不过，起义一波多折，先是走漏风声，被误传有几万人聚集，清军赶紧四处调兵，水师提督何长清率几千士兵进驻三洲田西南，与新界隔河相望之

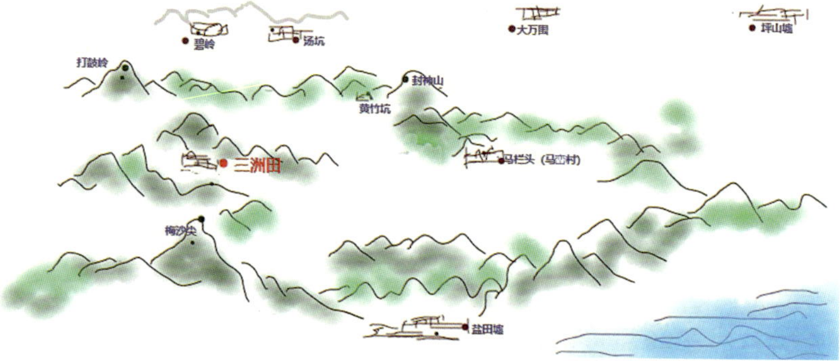

不论碧岭、汤坑还是黄竹坑，翻过打鼓岭一带的山就到了三洲田（张黎明 绘制）

七岁的炳娣哪里知道，后来的庚子首义在此举旗（坪山中心小学 提供）

处。义军临近举旗又因廖氏族人反对而移师东面的马栏头（马峦村）。义军被迫提前举旗，八十人的队伍打败了西面的沙湾清军，直逼新安县城；而其中一路往东之部在佛子坳与清军激战，缴枪七百余支，俘敌数十名。此时，起义军一呼百应，博罗、惠阳民众纷纷响应，自大败镇隆清军后又接连击败永湖、崩岗圩清军。自起义到进至三多祝（地名，位于今惠州市惠东县多祝镇）十多天的时间，起义军已经发展到两万余人。

但孙中山筹款受挫，粮饷枪械未达，起义军最终弹尽粮绝，一路胜利却不得不“解散队伍”。

朝廷后来追杀孙中山革命党，起义的村子被清兵赶绝了，清兵杀人烧房并禁村。考古学者在打鼓岭发现了一道石墙，推测起义军残部在东进失败后曾重返三洲田，在此同清军展开过激战。

七岁的炳娣或许听不明白孙中山的“驱除鞑虏，恢复中华”，可起义军和追杀义军的清军，还有后来的禁山，动静都如此大，不说见过从山道过来的“红头军”（起义军），就说打鼓岭的激战，黄竹坑、汤坑、北岭（碧岭）、马栏头（马峦村）这几方百姓一传十十传百，一夜之间聋人都知晓了。最让人惊杵的是，起义祭旗的村子悬吊了一个个被砍下的义军头颅，没月亮的夜晚，不忍的乡人偷偷解下并埋了……

炳娣的阿娘怕不敢唱：深山埋忠骨，冤魂有人知，夜在风中哭，草荒树也枯。

可客家婆娘们一定会咋呼：禁乜介山？冇盐冇咸鱼，冇得去梅沙盐田开盐，样边好？（禁什么山？没盐没咸鱼，不能去挑盐，怎么办？）

2019年5月，三洲田起义的资料看多了。

一天清晨，醒了。天还是一片隐约和灰暗，我蒙蒙胧胧推门而出，静谧无声正要抬脚，觉得不远处多出些什么，于是静静地坐在长长的靠椅上，看着挡了眼的沉沉重重的一竖一竖，琢磨着，渐渐看清是一些背靠着我的人，结实的肩膀竟是被反手捆绑了，一个一个吊挂着，已经纹丝不动了。

看资料都看出这样的梦境……一个孩子呢？那些惊心动魄会在一个七岁女童的心灵留下什么？没听炳娣说过。

1911年10月10日武昌起义以及后来成立的中华民国，使辛亥革命在短短的时间影响了整个中国。

从来没有上过学的炳娣读不懂1912年2月12日的大清朝廷颁发退位诏书，可她知道坪山往东的飞鹅岭革命军和清军的激战，坪山和龙岗的清军被缴了械，革命军接着攻克惠州，光复广州，广东11月初宣布独立。乡人们的口口相传，好比烧山的火一样猛，她会知道的。

1912年，辛亥革命真的成功了，民国政府取代了清政府。

民国了，孙中山特派副官到三洲田抚恤牺牲的义军家属，每人发200块银元慰问金，重建三洲田村，另拨3000元白银给三洲田兴建校舍，以作纪念。

民国了，坪山圩也贴出了“剪男人辫子，放女人小脚”的安民大布告。

民国了，炳娣18岁了，她丝毫不慌，客家女人天生大脚不需放脚，她会放开捂着嘴巴的手，大声笑，笑那些脑壳盘缠了“猪尾巴”小辫的大男人，抱着脑壳四处躲，终归逃不掉被割掉“猪尾巴”。

民国到底是什么？民国除了割辫子，革命军还禁绝赌馆、鸦片烟馆和娼妓院。不过，炳娣很快就听闻割了辫子的清军，人枪不换又变成了军阀，而革命军禁绝的赌馆、鸦片烟馆、娼妓院又全开放了。

有说民国种种好的，说一百年前的北京，前门的胡同深处可是北平男子的梦中圣地，这里至少有200家妓院，去那儿消费的都是社会精英，既有政客也有巨贾。

不论数字和事实是否准确，至少说明在妓院这一点上，清朝和民国几乎没有变，高档低档分成几流的形式也没变，据说高档的添加了打桌球这样的西洋味道。

妓女大多出身贫寒，自小被卖入窑馆，也有家道中落吃不得苦，别无他种谋生技能才沦落青楼。不管哪个年代，客家女人最不齿的、骂女人最狠的就是“老妓嫲”。“老妓嫲”指卖身的妓女，不说客家女人的贞洁观，只说客家女人的坚韧，靠山吃山靠水吃水。客家男人不少外出过番（**出国谋生**）行船经商和读书，留家的女人一肩挑起家里家外的重担，从小就要学“四头四尾”：家头教尾，就是上侍翁姑下育子；灶头镬尾，就是烧饭煮菜砍柴割草；田头地尾，就是播种插秧、驶牛耕田、锄草施肥；针头线尾，就是缝纫、刺绣、纺织。

炳娣并非富贵名流，只是最普通的乡下客家女人，没有读过书，连自己的名字都不会写，更不懂琴棋书画，没有裹着三寸金莲的婀娜小脚，没有上流社会的忌讳和矫饰。

一生都没有涂抹脂粉的炳娣。

写到此处，记忆中会走出一双赤裸的大脚，客家女人的标记。

脚踝的皱褶爆裂成沟壑，那是几十年赤脚干活留下永远去不掉的印记，这些裂缝在客家方言称“爆坚公”，它们不会愈合。炳娣没有说过这些裂缝的起源。裂缝已经固化，只有寒冬干燥季节才会发作。每到冬天，“爆拆膏”是她的好朋友，指头撬起一拨水泥样黏稠的膏，涂抹和填平那些裂缝；或让膝下的孙儿孙女划着一根火柴点燃蜡烛，一滴一滴的蜡油封住裂口。

难免触及痛处，她偶尔会龇牙咧嘴……

说什么？这大脚板上无法弥补的裂缝不是别的，正是客家女人求生存的佐证，不为生计卖身子，从一双天生大脚和脚踝满布的裂缝可见客家女人骨子里的傲气。

天跌落来当棉被盖，这是炳娣的口头禅，也是深入骨髓的底气。

说到折腾，莫过于兵荒马乱的民国初年。1912年，袁世凯就任中华民国临时政府大总统，皇帝没了，大总统来了，帝制废除又恢复再废除。动荡中的他几番折腾，死了。随后北洋政府、国民政府等等政权多次替换，一个中国蜂拥出几十个有名有姓的大小军阀，形式上统一，暗地里都称霸图强，枪炮连连，时而联甲打乙，时而联乙打甲，下台又上台，上台又下台。

广东军阀换了又换，拥戴袁世凯的龙济光被赶跑了，来了桂系军阀，军费缴得更多，鸦片烟馆和娼妓回来就不奇怪了。

孙中山第二次革命也来了。

1916年，革命军围打惠州城，仅仅一仗就打了几个月……

何等乱世？军阀混战打了十多年，民国初年绝对是中国近现代史上最黑暗和混乱的年代。

若说民国没有更改也说不过去，三洲田兴建了学校，私塾相继变成了学堂学校。

最让人津津乐道的是南洋华侨在1905—1906年间捐资兴建了坑梓的光祖中学。这所学堂由南洋华侨黄子光、黄子文、黄丽春、黄观保等人创办，它坐落在今深圳坑梓镇内，位于深圳和惠阳的交界地段。

光祖学堂参照当时的南洋公学（1896年由盛宣怀在上海创设）兴建，学堂为“井”字布局，上下两层，楼廓砖木结构，主楼围合花园一座，学堂配套齐备，操场位前，左膳堂右宿舍。楼高两层的它鹤立于当时的所有中式灰色建筑中，看上去很西化，可四平八稳的结构又很中国化。远看近看，都会被它那种中西合壁的气派吸引。

最为醒目的是大礼堂月门上的横额所刻“家国之光”，那是父老乡亲心中的愿望，强国之愿和雪耻之望，强大中华之国，雪列强入侵之耻啊！

光祖学堂完全顺应当时“反八股、兴学堂、废科举”的潮流，乃当时反封建教育制度令人耳目一新的新事物。

广东的著名教育家欧榘甲成为光祖中学第一任校长，康有为的学生汤一元、杨竹秋等等都在学堂执教。维新思想在学堂盛极一时，《大同书》被视为经典，学堂要求学生“志存高远”。

在清朝末年私塾成风的年代，光祖学堂是茫茫黑夜里的一把火，突然照亮了这方圆几百里的乡村，令深圳、惠阳一带有志青年为之一振，仰慕而去……

一定有过这种时候，十多岁的炳娣背着弟弟荫生坐在村口大榕树下，听光祖学堂的故事。只有默默听的份儿，她没有读书识字的命，卑微得连读书的梦都不敢做，所以她的名字叫炳娣。所有人都万般疼爱弟弟，她本分地幻想着学堂里坐着一个代替自己做读书梦的弟弟……

1914年坪山本地乡绅在坪山墟东门兴办的那家私塾，1917年也更名为“坪山学校”了，都说那是仿照南洋风格建造的教学楼。

已经出嫁的炳娣常常到坪山墟赶圩，炳娣没有去过南洋，也没有去过光祖，可她会绕点儿路去看看新学堂。它远远看去就是坪山墟里最大的牌楼，下层两个小拱门伴着一个大拱门，对上的一层又是三个拱形的大窗，最醒目的前壁横了四个大字。她只能估摸上头的四个大字就是“坪山学校”，在炳娣眼里这个坪山学校要多好有多好，可也像头顶上的大太阳，只能眯了眼睛

1917年，坪山墟东门的私塾更名为坪山学校，由坪山的乡绅筹资，逐步加建了几栋东南亚样式的教学楼（坪山中心小学 提供）

自1917年开始，坪山学校陆续建成几栋东南亚样式的教学楼（坪山中心小学 提供）

远远地看。大概从第一眼开始，她就发誓让儿子们都上坪山学校，然后是光祖学堂。

客家地区为崇文重教之地，她每晚入眠前，搂着儿子们说唱的都是读书之事：读书郎上学堂，养仔冇读书，冇当捉条猪（养儿不读书，不如养头猪）……

一年又一年，军阀们战来战去不肯停歇，坪山的乡绅华侨筹资修建教学楼也越来越旺，不相关的东西就这样奇特地混杂在一起，就像地里的稻谷和稗子草互相抵触，也共生和共灭。

东江的客家女人中，除了梅县好一点，其他地区的百分之九十六至九十八都是文盲，炳娣就是那百分之九十六至九十八。

1919年的五四运动，连光祖中学也联合不远的崇雅等中学闻风而动，举着“打倒列强、打倒军阀”的旗帜，一路贴传单、呼口号，一路游行前往惠州城，还四处下乡演出反封建的新剧。1924年在《新青年》的影响下，光祖中学的青年老师也成立了一个青年社团“青年新社”，不但出墙报，还自编自演有关男女平等、婚姻自由的话剧，他们也许去过汤坑、碧岭、黄竹坑这些村子演出……

炳娣不认字，肯定不会读他们那些“男女平等”的书。然而演出话剧，炳娣不可能不看。连不知道多少年才来一趟的小戏班，四面八方的村人都举着松枝火把赶过来看，何况是从来没有听说过的学生阿哥演出“话剧”！“话剧”是什么？学堂里的学生们，不但有男生更有女生，不唱不跳也没有锣鼓喧天，只是说话而已，这等新鲜奇特如此口口相传，一传十十传百，期盼的热度堪比做年（过年）时客家人的“舞麒麟”。

墨黑的夜晚没有月亮没有星星，可光明得好似白天，亮堂堂的一盏大气灯挂在村中禾塘（晒谷场）里，男男女女、老老幼幼有坐有站有说有笑，这等热闹，炳娣一定不会缺席，剧里说男女平等，女人可以像男人一样上学堂读书……

听到自己不敢做的梦，炳娣和其他那些名字也带“娣”的女人们在田间地头笑乐了几天。

这个梦后来就成真了，不久汤坑也有了“聚群”初级小学，收一至三年级的学生，渐渐有女孩子上学了。

炳娣赶不上了，她常常说晚出生十年八年多好。

……

军阀的仗还没有打完，日本人的脚就踩进来了。早在1931年9月18日，日本驻中国东北地区的关东军突然袭击沈阳，以武力侵占中国东北。

炳娣知道东北很远，远至一辈子也到不了。确实七八年过去了，和自己毫不相关。

她不知道1935年中山大学的学生游行向国民政府请愿“抗日”，领头的学生正是坪山石灰陂人曾生，1938年他已经是中共香港海员工作委员会书记。

她也不知道1937年坪山学校来了一位新教员陈铭炎，他不但是中山大学曾生的同学，还是曾生委派他到坪山学校任教的。

平常的日子，炳娣每每去坪山赶圩都格外想唱歌，穿过大片的稻田，经过路旁连绵的小山丘，进入坪山墟和石灰陂那一片平坦，一眼就看到坪山墟

20世纪40年代后期坪山学校的男女学生。看着欢快的他们，炳娣会想些什么？（坪山中心小学 提供）

坪山学校的学生，穿鞋着袜，吹着口琴唱着歌（坪山中心小学 提供）

东门那熟识的坪山学校教学楼，它的四周陆续修建了一座接一座的楼，已经合拢了……她会在坪山学校的校门外歇歇脚，二仔大朋（张德）已经在坪山学校上高小了。

这天的圩场很热闹，有唱歌的坪山学校宣传队队员们，炳娣凑前一看，这不是儿子大朋？他们在演《放下你的鞭子》《东洋鬼子》这些话剧……

她更不知道儿子大朋崇敬陈铭炎老师，还跟随老师去偏僻的坪山乡村宣传抗日，派发老师主编的抗日救亡油印刊物《坪潮》……

炳娣去世30多年后，2019年7月11日这天，我应黎金涛校长之邀来到这百年历史的学校。我走进坪山中心小学，在安静的校园里转悠，想象着80多年前，炳娣的儿子——我父亲踏入学校的一刻。

坪山学校，一所众人筹办的乡校，然而它是一所多么不一般的学校，不仅仅是一所学校，而且是一个世纪历史的见证。尽管只是一间小小的乡办小学，却声名在外，这方圆几百里谁不知道坪山学校？曾就读此校的曾生也就是抗日战争时期的东江纵队司令员，他率领香港工人、学生返回坪山组建抗日游击队，游击队军训和学习地点就在坪山学校。一批批在香港、南洋的热

从1917年的坪山学校走到今天，已经100多年了（张黎明 拍摄）

当年的教室，凝固在“时光记忆”墙上（张黎明 拍摄）

坪山中心小学校史馆保存的课本（张黎明 翻拍）

血青年就冲着坪山“小延安”的名声返乡报国。

抗日战争时期，坪山学校曾经被日军占据，也曾经成为东纵的秘密联络点……一次又一次痛苦和一次又一次的重整旗鼓，令它更坚强。它失去过许多，扩建、重修、重建，只有一样它还保留着，那就是它的名字“坪山”，不管是“坪山学校”还是“坪山小学”抑或今日的“坪山中心小学”，“坪山”依然是一个普普通通的校名。

站在那面“时光记忆”墙前，安静得只有树叶落地的声音，屏息和瞻仰，当年的校园师生一片忠心报国，它曾经那样激动人心……

进入坪山中心小学校史馆，看到了曾生的塑像，当年父老兄弟用过的课本，当年孜孜以求的年轻学人图照，还有熟识的人名，廖荣铿、廖新华（廖火仙）……

走在校园里，肃穆和庄严依然可见，课堂里书声琅琅……走着走着突然和学校小礼堂门外的一群同学相遇。一群戴着红领巾的男孩和女孩，擦肩而过的瞬间，有一位女孩向我敬礼。

如果真的可以穿越时光，炳娣会对这个敬礼的女孩说什么？

100年前，炳娣连梦都梦不到这一幕：女生们如此昂扬地走在队伍前面（坪山中心小学 提供）

1912 年　拜堂一个月还不知道他是谁

民国开初，炳娣出嫁了，拜堂一个月还不知道丈夫是谁。

明明白白，她知道嫁过去的汤坑不远，翻过西面的小山坡再上一个小高坡，还知道男人是坪山圩镇开裁缝店的张茂球，偏偏就是不知道这个男人是谁，这不荒谬？

民国到底是什么？炳娣只知道男人的辫子彻底剪掉了，而女人依旧嫁鸡随鸡，嫁狗随狗，且得从一而终。

炳娣娘家坪山黄竹坑，婆家坪山汤坑，那时候两地之间直线距离不到两公里，常去的坪山墟直线距离大约四公里，从汤坑到坪山没有大路，穿行在水田之间的田埂上，在大万围屋附近歇歇脚，不远就是坪山墟了。最远的盐田墟市，在今天的地图上看直线距离也就六七公里，可翻山越岭路不好走，她们大多结伴而行，从夜晚九点启程，赶到盐田墟正好天亮了。

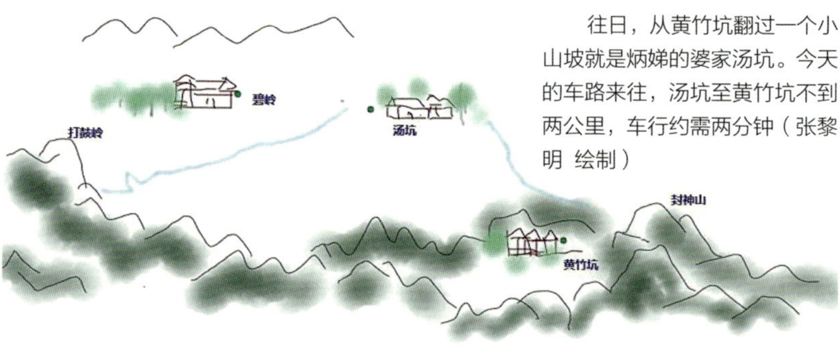

往日，从黄竹坑翻过一个小山坡就是炳娣的婆家汤坑。今天的车路来往，汤坑至黄竹坑不到两公里，车行约需两分钟（张黎明 绘制）

一个最普通的乡间客家女人，这样的女人太平常了，在坪山墟赤着脚挑着箩筐的都是这样的女人。

此时的炳娣看上去50多岁，也许是她的第一张照片（张氏家族 收藏）

今日婚姻男女择偶条件众所周知极为物质化，无需细说。而那个年代除了门第家产更要看面相，旺夫旺财和好生养才是优质女人。

炳娣身高约一米五八，天庭饱满眼目端正，手脚阔大腰杆笔挺粗细活儿不挑，肤色珠润，臀围较大极好生养，属福相。炳娣符合好女人的标准。

谁也不知道炳娣如何度过了自己20岁的青春岁月。当我20岁上下时，对男女之间的事情，对书上和电影里的爱情和婚姻充满了好奇，许多关于男女的话不敢问父母，却可以指着电影里的亲热镜头逼问年迈的炳娣。

炳娣一看就“呸”，还扭过脸不看。

为什么要“呸”？不喜欢张茂球？那为什么要和张茂球结婚？从没有见过面的祖父张茂球是个坏人？

我没有放过炳娣，炳娣说自己是盲婚哑嫁的样子特别理直气壮。她结婚前没见过张茂球，出嫁后一个多月都不知道哪一个是他，长什么样子。新婚那天，炳娣稀里糊涂盖着头帕和这个叫张茂球的新郎跪拜又跪拜，不知道被谁搀扶到新房的床上。

所有的人都在门外的地堂喝喜酒，独有她坐在屋里的床上，动也不敢动。天渐渐黑了，屋里的一盏小油灯，孱弱的火苗没有一颗花生米大，昏黄的雾有点重，黑夜更如一只巨大的老猫悄悄趴在屋顶，屋顶不知道什么时候会塌下来……

突然，房门“吱”的一声，炳娣慌乱得手脚放哪里都不是，身子“岌岌颤”（发抖），最后低头闭眼心一横……张茂球，这个人影一进屋就没有犹疑片刻，嘴巴对准那朵弱如萤光的油灯火呼地一吹，比墨还黑了的夜塌下来了，上床。

夜很沉重，重得令炳娣不敢呼吸，什么也不能看什么也不能想，清醒或沉睡，活着还是死去，她就像柴草屋里的扁担或犁耙，一切都无动于衷。

第二天天没亮，炳娣在黑咕隆咚里突然惊起，按照客家规矩该起床干活了！她一骨碌爬起，赶到灶间，女人们的一天开始了，烧火做饭，浇水种菜，犁田耙田，活儿永远都不会干完。

每天吃饭，上桌的是一家子的叔伯兄弟，全都是男人们。女人们依旧在灶间忙乎，炳娣进进出出，饭前端菜出厅堂，饭后收碗收筷入灶间，只知道一厅堂五六位男人有一个是张茂球，到底是谁？不要说细细看清楚，连猜都不敢猜。

真的不愿意相信。

我问炳娣，怎么不待到天大亮时才起床，不就看清楚张茂球长什么样子了？灶间里的女人，怎么不问问她们？

炳娣说了一句话：样边敢（怎么敢）？

我们这沿海一带的出嫁妹仔，拜爷娘、唱姐妹、哭自己，流传了不少客家民歌，确实有这么“听到鸡啼就巷（起）床”的一句，可结婚一个月后竟然都不知道丈夫的样子？这都是民国了。

想方设法找到当时的《广东妇女》，民国二十九年（1940年）出版的第二卷第一期，有篇笔名“颖如”在1940年写了关于客家女人的文章《东江的妇女》，你不但确信还清楚了一个事实，何止炳娣一人。

东江的妇女，每日从早晨四点起便开始劳动到晚上七八点钟才能回到家里来，在农忙的时候。她们包办了一切耕耘操作，在田里头很少看见男子，

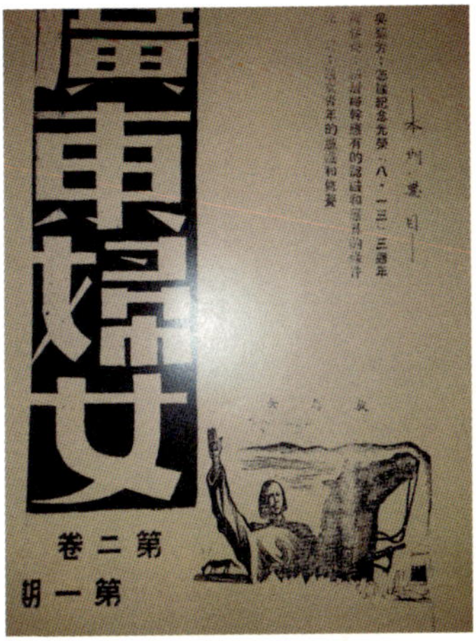

1940年，民国有29年的时光了，太阳还是那个太阳，无甚变化（张黎明 翻拍）

民国二十九年（1940年）的文章写得再好，目不识丁的炳娣也看不懂（张黎明 拍摄）

只有极少数的男子帮助犁田而已。在农忙过去，她们则上山砍柴，中午回到家里来，还需要烧饭。奉侍翁姑、弟妹，乳哺儿女，替全家人洗衣服。到下午两点左右，又要到外面去割草。在街（墟）日那天，她们又要将家里头农业产品，担到市上去卖，换回一些油盐酱醋来维持家计，或者去替他人做临时脚夫，将获得的极少的报酬来养儿育女。

女子不能和男子同桌吃饭，所吃的是男子吃到不要了的残羹剩饭。就这些剩饭，还要等家婆吃饱后才敢吃。她们是经常吃不饱而要做得多的女奴隶。女子的衣服，特别是裤子是不能晒在露天的。说会冲怒“天老爷”。

这是1940年的文章，民国已经二十九年了。

一切就像炳娣出生的黄竹坑或嫁过去的汤坑，明朝属惠阳府归善县上下淮都，清同治九年（1870年）属碧甲巡检司龙冈约堡，民国时属惠阳县第二区淡水镇坪山乡——同一地方，只是属名换了，有多少变化？明朝、清朝或是民国，打鼓岭还是那个打鼓岭，三洲田还是那个三洲田，封神山还是那个封神山，一年三百六十五天还是那个三百六十五天，没有更改。

每天夜晚，张茂球还是吹灯上床。

每天天没亮，炳娣还是起床干活。

炳娣和茂球的日子一天一天过下去。

面相很好生养的她连续生下的好几个孩子却夭折了，或许因为军阀混战的惊恐和不安，或许因为她太年轻了，没有人去探究原因。

那个年代，如果出嫁三四年没有生下一个孩子，家里村中便没有一个人会看得起她，有什么办法？她抱养了邻村北岭（碧岭）的一个女婴，起名：进娣。“进娣”的意思和“炳娣”一样，来一个弟弟。

1916年，她23岁这年，进娣真的带进了一个弟弟，后来的十几二十年，炳娣陆续生下了六个男孩和一个女孩，此时她才直起腰杆……

茂球是个大家称道的孝子，有一次，他一听说母亲急病就从坪山墟赶回汤坑。那时候没有车，徒步几十分钟才能到家，他一个大男人一面走一面放声哭，一面咬牙切齿大骂炳娣“炮打鬼”，口口声声说炳娣没有善待自己的母亲，如果母亲有个三长两短就让炳娣垫棺材底！

他一进家门就像要生吞了炳娣一样，一连串的“炮打鬼”，一连串的“炮打你”……

有必要说说“炮打鬼”的意思，那是最严酷的刑法。18—19世纪的英国人、葡萄牙人、荷兰人在殖民地对付反抗者或叛乱者常常施以炮刑，人犯被绑在大炮口，大炮一轰粉身碎骨。自香港、澳门被“红毛鬼”霸了去，这一带沿海客家人口口相传，“炮打鬼”和“红毛鬼”渐渐成了骂人最狠毒的话……

我的祖父茂球有多愤怒？那是一副多可怕的模样？只有炳娣知道，即使她和这个男人生下一个又一个孩子，也怕得心抖。她或许告诉过我这个刨根问底的孙女，可奇怪的是我一点印象都没有，估计她说得比白开水还淡。

我的祖父茂球必定也有和祖母炳娣同样漆黑的夜晚，依偎在自己母亲身边，听那些“割肉供家娘”的“孝”说唱，那层叠了千年又千年的已经不是说唱了，而是压在炳娣脑壳上的天……祖父没有留下一句话，我也没有见过他一面，却看到了他的心。

他爱他的阿娘，这无疑是血脉亲情。

可他爱炳娣吗？这是一个很奢侈的问题。这个女人是自己孩子的母亲，孩子们爱她就像他爱阿娘。

他压根不知道还是故意忽略这个问题？一切都和爱不爱没有关系。我一定问过炳娣，爱不爱茂球？其实，我不应该问，爱本来就有点复杂，为什么是这个而不是那个，更不说纠纠缠缠的问题，比如民国的男人们可以一夫多妻，可以纳妾，可以嫖妓。

女人只能从一而终，在孟姜女和孟日红这些缠绵悲伤的说唱里，妇道观念像输液那样一点一点渗入她们的身体。

炳娣头上有一个实实在在的“天”，就是她的男人茂球，她为这个“天”生养了六男一女。两性心悦终生相敬的故事都是遥远的老说唱，不过没有永恒的爱的主题还是会开花和结果，这才是真正意义上的永恒。

……

张茂球？我从来没有见过的祖父，我很想知道他。

在父亲的简历中找到关于张茂球的描述，毫无感情色彩的几行字好比几根铁线一样光秃，大概有了祖父的轮廓。

父亲关于祖父的描述有一句话：“对我们很严苛 。”

张茂球生于1887年，他的父亲早逝，母亲和儿子相依为命，省吃俭用供他读过五年私塾，学过裁缝手艺，还在香港和坪山经商十多年。这个裁缝师

2016年10月9日，汤坑社区工作站成立十周年，
百岁老人（左）遇到了熟人（张黎明 拍摄）

傅在坪山圩场开设了一间裁缝店铺，自己车缝衣服和主持店铺大小事务，店铺生意越做越好，雇学徒和店员各一名，除为四方乡民缝制衣服外，还出售衣服成品。

尽管简单，也看得出我祖父不是《东江的妇女》中狠批的“最使人难堪和痛恨的那种男子，那种人恬不知耻，自己不劳动还不算，往往将妻子挨尽千辛万苦，受尽他人欺侮白眼得来的血泪金钱拿去嫖赌吃吹，一旦没钱时，则偷典家物，甚至妻子穿的底裤。殆至家资挥霍净尽，到无可挥霍的地步，他们将妻子作为自己的气袋，任意打骂，闻或有打到半身不遂的，最狠毒的，也有将妻子作为猪猡一样出卖给他人，将自己的女儿作为商品押到娼寮馆去，供人玩赏泄欲”。

盲婚哑嫁的炳娣，没有嫁给抽烟片或游手好闲的那种极端男人，她是幸运的普通女人，茂球也是那个时代最为普通的好男人。

炳娣从来不说她和他的感情，只说张茂球是村里有名的大孝子，每次回家第一件事就去母亲的屋子，问寒问暖，有点儿好吃的都留给母亲，母亲有点儿病痛就紧张得不行。

民国到底是什么？炳娣实在说不清，从清朝到民国，除了男人没有了那根辫子，到底有什么不一样？茂球依旧是旧日的男人，只要炳娣稍有不当他就破口大骂，茂球不是别的，是炳娣的“天”。不过，茂球的暴力仅限于语言，他清楚那群孩子对炳娣的爱就像他自己对阿娘的爱一样。不仅仅如此，家中的炳娣领着一家大小种田，犁田耙地，插秧割稻，晒谷舂米，她是这个家真真正正的天，如果这个家没有了炳娣，那真是天跌落下来了。

茂球执拗地相信自己，还是自己骗自己？炳娣脑壳上的天是茂球，他反反复复喊打喊杀的，动静最大的就是那句“一担干攀死你”（一扁担打死你）。

炳娣也不接话争吵，她想清楚了？若是茂球拿起扁担，她一定有力气抢过扁担的，但她真的会抢吗？

炳娣没有想过离婚吗？绝对没有。

骂着骂着，茂球的声音也就沉落了。

1938年　日本仔来了

1938年秋天，日本仔来了。

往日，不论是在圩镇裁缝店辛劳的茂球，还是在乡下耕种的炳娣，日出日落20多年眨眼就去了，此时茂球和炳娣都不再年轻。尤其炳娣，一家大大小小12口人，全靠她勤俭持家，性格练就成“天跌落来当棉被盖”的豁达开朗，自家生活温饱了还省出口粮帮助更困难的亲戚，上上下下都说茂球娶了好媳妇。

炳娣的弟弟邱荫生原本也在坪山墟做生意，20世纪30年代初漂洋过海当了船员，所挣的辛苦钱陆陆续续寄回坪山，除了在黄竹坑建了有小阳台和绘着花鸟的三层小楼，还资助炳娣在汤坑建了二层楼的夯土瓦房。

1935年，邱荫生上岸谋生，那是位于加勒比海的一个荷属小岛阿鲁巴。

茂球在坪山墟的裁缝店也越做越好，陆续在汤坑购置田产物业，至1938年日军登陆广东前，有房子七间，耕牛一头，以及各种必需的农具和生活用具。他们在汤坑自置的田地三斗种（两至三亩），还向地主租种七斗种（四至五亩）耕地，耕种的土地共约一石余种（七至八亩）。

日子还算过得去，最让炳娣宽心的就是儿子们读书了，先在汤坑聚群小学读初小，再到坪山学校上高小，这是她半夜做梦都会笑的日子。

炳娣和茂球盼儿女长大，先给长仔观水（胜华）娶了媳妇，又给二仔大朋（张德）讨了童养媳。

所谓“童弄媳”就是家有男孩的抱养别家的幼女或女婴，养育成人后再圆房为媳妇。童养媳说讨说抱其实都是用钱买个没有成年的小女孩，就像买

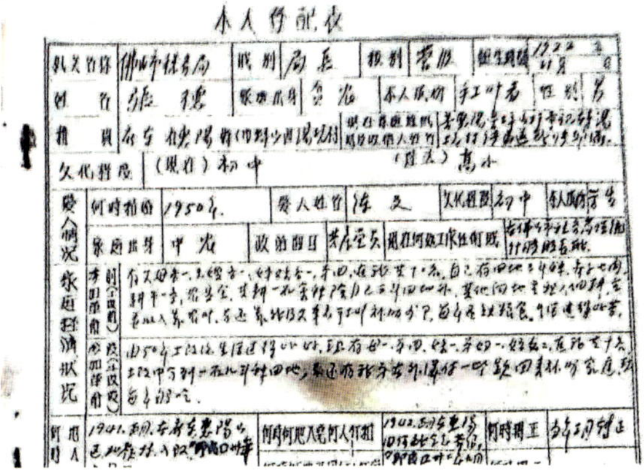

张德记录了张茂球一家的经济状况（选自张德履历表）

耕牛、犁耙、簸箕一样。民国那些年，惠阳坪山等客家地区抱养童养媳的不少，有时几斤酒几斤鸡蛋就能兑换一个刚出生的女孩做童养媳。

那年代普遍认为“女孩是赔钱货”，在连饭都吃不饱的民国年月，不少女人一看出生的是女孩，立马就捂死了。我采访过的东纵女战士潘清，她母亲连生几个女孩，看她又是个女的竟然丢入满是接生杂物的尿盆子，老秀才父亲听到哭声一时不忍，这才捞起了她。

说穿了，童养媳是纯粹的生产和生育工具，偏偏此等畸形的婚姻模式，在民国倒成了女孩的一条活路……只有生活稳定的家庭才讨得起童养媳，就像炳娣为十多岁的二仔讨了八九岁的童养媳，生活好点的人家都不会把自家八九岁的女孩卖去当童养媳。也有的人家没儿子就抱个女孩回家，名曰“等郎妹”。双方你情我愿都觉得不吃亏，男方家省了彩礼钱，女方家省了嫁妆钱和抚养费。

炳娣心善，没有想太多，待养女进娣和二仔的童养媳都视如己出。夫妇俩勤恳和知足，别无多求，一家人生活温饱，孩子们读上书，日子安安稳稳就是他们的一切。

他们的祈求很普通，没有一勺水，几滴水也能够省着用。想到日军侵占了东三省，而广东远离战争真是万幸，可没想到太平的日子在1938年10月12日的拂晓结束了。

这天，日军在广东大亚湾登陆，一路北上惠州、博罗、东莞，21日轻而易举进占广州……

11月23日，日军突然经淡水向坪山、龙岗扫荡，这下子“走日本仔”（粤语，指逃避日军）的百姓慌不择路四散奔走，而国民党守军独二旅先躲上大山再往沙头角英界逃遁。

事发紧急，茂球一家子散了，坪山店铺的茂球和长子观水随坪山圩的人逃走，坪山学校的二仔大朋跟学校的人走。

日军说来就来了，枪声呼啸。

汤坑的百姓拖儿带女牵牛赶猪往山上跑，青壮年们攀上大山往沙头角方向跑，45岁的炳娣力气再大也没法带着几个娃跑，她只有一根扁担两头箩筐，最幼小的娃不到两岁，走不动的就放在箩筐里，攥紧三五岁的孩子，吆喝着七八岁的孩子，随一群妇孺沿着村西面的山涧小路上了打鼓岭……

突然山头一阵枪声，谁向日本仔开枪？她不知道，20多天前，坪山人曾生已经领着香港罐头厂的工人，从香港返回坪山组织抗日游击队。向日军开火的就是跟着曾生从香港回来的周伯明、彭沃等人，十多支枪，少得可怜的子弹。日军片刻间满田乱跑，但很快回过神就架起了炮，轰轰隆隆炸得泥土翻腾树木折断。

炳娣像只十足护崽的母鸡，咬着牙伸开手臂把孩子们搂得紧紧，一个劲儿喃喃自语“天阿公保佑”。

日本军一路烧杀抢掠，所到之处几成废墟，能带走的鸡鸭鹅、稻谷粮食都掠走了，不能带走的就砸。

抱成团的他们躲到夜深，听到没有动静才偷偷回家，汤坑屋子紧固的大门被日军砸开了，值钱的都被搜走了，空开的大门只落下几个弹孔。茂球的坪山裁缝店铺也整个被砸被毁，大部分工具成了一堆破烂一坨废铁。

茂球和炳娣，分开几路的陆续回来，都活下来了，只是茂球炳娣家的重要生活来源骤然中断……

一个丰衣足食过好生活的平凡小梦想成了一地碎片。

天就这样突然塌在脚下，炳娣把“天跌落来当棉被盖”按捺在心旮旯，好像怕茂球想不开，唠叨着说：千幸万幸，留得了一条命。

还有什么办法？

“马死落地行”（指没了依靠，就只能踏实靠自己），茂球返回汤坑裁缝衣服，没有资金购买缝纫车就变卖早年购置的田地和房屋，天天走村问店，乱世里温饱之家不多，有钱做新衣的更少之又少，微薄的收入如何填饱家人的肚子？生活几乎全压在炳娣的肩膀上，家里家外，洗衣做饭、砻谷踏碓，几乎没有停下的一刻，仍无法支撑12口人的大家庭。

况且，日本军的扫荡不是一次两次，不知道哪天哪时听到大喊“走日本仔”，大家就三魂掉了两魂，牵牛抱鸡往山上跑，想了又想，多条命多条路，走出一个是一个，留下一条命就是一条命。

于是，长仔观水和媳妇带着五仔天送（志忠）过香港逃难。一是想找点什么帮补家庭，二是让家里少几张吃饭的嘴。五仔送往香港，每天拿着饭钵去讨饭维生，可是香港难民太多，日子也是有上顿没下顿，半年后他们又回来了。进娣也跟着马来西亚的丈夫过番（出国谋生）了。该想该做的都想了做了，还不断变卖家产，一点一点地卖，几乎卖了所有的耕地，房屋也只留下自住的几间。

坪山墟也不是那个坪山墟了，日军还没有驻扎在坪山墟里，可驻扎淡水的日军不时扫荡坪山。

16岁的二仔大朋对炳娣说坪山学校停学了。学校怕是真的停学了，出出进进的人还是很多，儿子的老师陈铭炎就在其中。石灰陂的曾生从香港带

1938年10月24日，曾生返坪山组织抗日游击队，坪山渐渐被称为“小延安”（深圳市东江纵队老战士联谊会 提供）

坪山各界欢迎东江华侨回乡服务团（深圳市东江纵队老战士联谊会 提供）

回来的100多人驻扎在那里，他们穿着和老百姓一样的衣服，天天学瞄准和开枪。

1939年春天，惠侨救乡会慰问团从香港到坪山慰问惠宝人民抗日游击总队，就住在坪山学校，给曾生赠送“民族先锋”锦旗。炳娣不知道这就是惠宝人民抗日游击队训练班，但她知道这些人要拿枪打日本仔。

大朋不上学了，农忙时帮母亲干农活，农闲时跟父亲学缝制衣服。炳娣想说“读书郎上学堂，养仔冇读书，冇当捉条猪……”可她说不出口了，喉咙里有块大石头。

尽管自己和观水的媳妇天不亮就起来烧茶煮饭、挑水供猪（喂猪）、砍柴割草、扫地洗碗洗衣，连本该男子干的犁田、耙田、挑粪草、挑米也都一担子挑了，但还是有做不完的农活。

坪山墟关帝庙前，游击队宣传抗日（深圳市东江纵队老战士联谊会 提供）

二仔大朋说自己可以挑粪草和谷米，也可以学莳田、耘田。其他几个八九岁上下的三仔、四仔、五仔也说他们会捡草、铲田、割禾、晒谷。

吃饭还是读书？留下一条命，书什么时候都可以读，炳娣自己安慰自己。

几个孩子都停学了，六七岁的在家帮工，八九岁的出外打短工。16岁的二仔大朋，先是和碧岭的廖火仙（廖新华）去了香港。炳娣不知道儿子去的是曾生创办的“余闲乐社”，也不知道它是干什么的。

余闲乐社——原本为海员们自发组织的乐社，逐渐发展为有章程、有互助义务的团体。海员入社基金两元港币，每月会费一毛钱。海员去世，每位会员为死者交“帛金”五分钱，乐社从募捐中支付一部分，死者家属可得丧葬费百多元。至1938年，人数已近三万人。总社设立在九龙弥敦道，深水埗、旺角、红磡、新加坡等地以及各大海轮设立分社。

早在1937年，曾生就组织余闲乐社筹款抗日，支持抗日的部队。他还和香港惠阳青年会、海陆丰同乡会等团体一起组织回乡工作团，在沿海岸线的圩镇村庄宣传抗日。后来成了东纵司令员的曾生说过：我们部队创建初期，相当部分经费是靠“余闲乐社”提供的，“余闲乐社”简直成了我们部队的驻港办事处和后勤部。

这段经历有多重要？多年后，大朋已经改名张德，他在自己的简历里郑重写上“通过余闲乐社介绍参加了游击队”这一笔。

不久，他返回汤坑，为了多挣两个钱，干脆去矿山挖矿和去当运货的脚夫，所得工钱全数交到炳娣手里。接过钱的炳娣什么话都不说，该读书的年纪不能读书了，还能说什么？

日军要在对面岭修公路，每家都必须派工。二仔大朋（张德）是孩子中最强劳动力，多次被迫修公路、背行李和养马，连没有锄头高才八岁的五仔天送（志忠）也被抓去当劳役。

日子有多难？远在阿鲁巴的荫生弟弟，每年都会寄钱返乡，如今也捎信说打仗了，钱转不回来了。时间变得特别长，不愿也不用看天上的日头有多高，时间钻进了肚子里，每分每秒都在咕咕叫，连肚子里的蛔虫都饿得从鼻孔里爬出来。往日唠叨儿子们好好读书的她不再说读书，一天到晚都为两口饭发愁。

这样的日子，要是得了病就只有等死。

偏偏大仔观水（胜华）1940年得了病，什么病？二仔大朋的简历说是肺结核；在五仔天送的记忆里，大哥老是说头痛，怕是脑袋长了瘤子，按照今天的说法可能是脑癌。不说当时缺医少药，更缺的是看病的钱，缺到了什么程度？茂球缝衣的收入越来越微少，靠炳娣领着全部停学帮工的孩子们耕作所获，一年收获也仅够大半年口粮，亲戚朋友也是自顾不暇，能帮的忙也就是几条“番薯仔”，无法维持生活，只有向富有的地主借谷借债度日。

哪里有钱看病?

炳娣只有和儿媳妇上山找草药给他熬汤熬水喝。儿子稍微好一点就撑着身子去附近的村子走动，炳娣没有劝观水歇息，心想儿子去找亲戚们借钱治病。观水始终没借到半文钱，身体也越来越衰弱。不时有观水的朋友来看他，他们悄声说话好像有什么大事……

炳娣哪里会知道儿子的秘密，二仔大朋却猜到大哥是“八字脚”（当年有些人对共产党的称谓）。他看得出这些探病的朋友都像自己的老师陈铭炎，在筹谋抗日的事情，后来才知道大哥确实秘密加入了中国共产党。

观水唯一的照片（张氏家族收藏）

观水的病实在太重了，直到死都没有钱去看病，不知道是什么病，病着病着就走了，人死后连买入殓棺材的钱都没有，被一张草席卷着入了土。

年仅24岁的长子，结婚只有一年就死了，家人的哀痛有多痛？打鼓岭有多重谁也不知道，炳娣的心有多痛也无人知晓，痛得滴血也只能号哭两声，哭有多大用？这个家都在看她，哭泣不已的儿媳妇不到20岁。进娣嫁人过番后（出国谋生），这个家一年四季的耕作除了自己就是儿媳，可留下和自己挨苦受累？她掉泪了，让儿媳妇自己去寻条活路……

1941年1月，离农历新一年的正月仅有几天，却一点也没有过年的迹象，此时家里欠地主的租谷以及上千元都无法偿还，还能过什么年？一个冷得窸窸窣窣流清鼻涕的冬夜，18岁的二仔大朋没有回家。

炳娣琢磨，儿子会去哪里？儿子参加过村里的抗日自卫队和读书会，一群年轻人有时候还串去别的乡村，可往日去哪里都会说，难道……

炳娣心中一颠，大脚哗哗蹚过村边的浅水河，往北岭（碧岭）的廖家

炳娣二仔大朋在履历表填写“在碧岭村的廖氏围屋加入游击队”，炳娣实在没想到抗日游击队离自己如此近。图为廖氏围屋旧址（张黎明 拍摄）

跑。儿子和在坪山学校当过校工的廖家独子廖火仙（新华）最要好，那年“走日本仔”，还一起逃难到香港。

廖家阿娘罗戊娣正在围屋上上下下扯开嗓门，打锣一样喊儿子，她的独子也整整一晚不见踪影。戊娣一看炳娣就急得火烧屋那样嗷嗷叫：“样边好？有冇去寻阿朋？”（怎么办？有没有去找阿朋？）

炳娣说不出话，眼泪呼啦啦飚出来。两个女人互相看了又看，泪眼对着泪眼，嘴上反反复复说“样边好？（怎么办？）”心里也猜到了。

张家是独门独户，廖家却是廖族祚字辈五户同祠堂的大围屋暖园（恒德堂）。围屋始建于清末，光绪三十四年（1908年）落成，左邻右舍都是叔伯兄弟，共三厅六井四十九间屋，四角楼阁三层，占地2000平方米。

暖园大门进小门出，东廊西廊南北通，年轻人好聚在围屋楼阁里说天说地和看一些书报，说坪山学校里里外外刷着“打日本仔”的大字，说石灰陂的曾生拉起了游击队，说香港、南洋来了好几批人。

坪山学校校长廖荣铿就是廖家人，大朋和火仙在他廖氏围屋的阁楼上，讨论过中国的未来（张黎明 拍摄）

围屋里读书最多的廖荣铿就是坪山学校的校长，年轻人就爱找他……

炳娣和戊娣互相避开了眼神，一屁股坐在天井的矮凳上，张家阿娘炳娣叹了一口气，廖家阿娘戊娣也叹了一口气。

炳娣开始安慰几年前男人病逝的戊娣：两家就隔一条河，有乜介事（有什么事）喊天送去帮手……

说着说着她们突然不吭气了。

许久，炳娣不知道是安慰自己还是安慰戊娣，“跟曾生也好，好过屋卡（家里）冇饭吃”。

她们没有猜错，儿子们真的去了曾生的游击队。

她们平日以姑嫂相称，茂球的姐姐早年嫁到廖家，没有生育就病死了。廖家再娶的罗戊娣也是汤坑人，客家人称继妻为“驳脚”，有延续之意，她们互称姑嫂，炳娣的孩子自然喊戊娣大姑，而戊娣的孩子自然称炳娣舅娘，没有血缘却亲如血缘。或许这也是两家儿子相约加入抗日游击队的因缘。她

马峦山一带的村子，有的是游击队的司令部，有的安置了游击队的电台。大朋和火仙加入游击队，离家不远（张黎明 拍摄）

们有了心通的事儿就更亲近了。

日本仔后来在坪山驻扎下来，煎熬的日子更没有尽头了。

1941年年底，香港沦陷。沦陷初期，成千上万的老百姓从香港逃过来，这些拖儿带女走投无路的人，大多身无分文。有的身上有个金戒指或银手镯，可是能卖的都卖了，一路走一路乞讨一路寻找收留他们的人家，能省出一口饭收留他们的人家少之又少，此时只有先卖女儿再卖儿子。说是卖，也就是一个红包里面的三几角钱，可以换点填肚子的，卖到最后没有什么可以卖了，没有吃的，走着走着就躺下，最终饿死在路边……沦陷时期的日子多么艰难！要熬过去实在不易。

这样的日子，炳娣天天领着大大小小的孩子上山找吃的，野蕉野葛野菜，好运气会挖到山鼠洞摸到鸟蛋打到一条蛇，要是捋到一把竹米做点稠粥水就是过年了。她和茂球忍痛卖家里的东西，什么都可以不要只求保住孩子，不知道她如何做到的，除了长子病死了，一家人还算齐齐整整在一起，留在家里的四儿一女都活到了1943年。

1943年 “饿瘟”带走了茂球

这是历史文献记载的广东百年不遇的大旱年，《广东省志·粮食志》的大事记这样记录1943年（民国三十二年）：“是年大旱，粮食匮乏，粮价暴涨，饥民遍地。一些沦陷区不但到处有人饿死，还出现宰卖人肉现象。”

先说1942年，广东省64个县市连续十多天的暴雨成灾致使早稻失收，耕田人忍饥挨饿，借债抵押购买谷种，期望来年运转。客家话农谚有云：“冬至在月尾，冻死老乌龟”（冬至那天在农历的月尾，天气会冷死老乌龟），1942年的冬至虽然在农历十一月十五，也是一个干冷无雨的寒冬，它成了旱灾的预告。看来谚语也不是百分百准确，冬至倒是在新历月末，也是“冻死老乌龟”的冷天气。

从冬至至翌年春分3月21日，应该春雨连绵的季节偏偏没有一滴雨。田里还没成熟的水稻大部分枯死了。春分后下了一场小雨（广州仅录得70毫米的雨量，正常年份春分前后应有1500毫米左右的雨量）。

炳娣天天盼下雨，天旱是耕田人的“攞命锤”（索命锤），播种和育秧还可以架起水车从水沟或池塘车水撒种，可等到清明时节连毛毛雨都不见，禾苗枯萎了，还有收成吗?

人人都从焦心变成了慌心，稻谷的价格上涨了数倍。

不论是沦陷区、国统区还是游击区都靠天吃饭，接下来的几个月还是不见雨。日军入侵掠夺粮食已是人祸，老百姓的日子本来就度日如年，又来了个天灾大旱年，禾田被晒干晒裂了，竹子也纷纷开花结籽，田面一道道裂口有指头粗，耐不住干枯的蚯蚓爬出地面被晒干了，竹米和蚯蚓很快成了充饥

炳娣带着孩子天天攀上碧岭、汤坑周边的大山，寻找野菜、野果……（深圳市东江纵队老战士联谊会 提供）

之物。

1943年5月31日《新华日报》报道："广东灾荒愈加严重，素称余粮地区之增城、东莞、博罗等地，如今也是一片灾象。自增城属之南江以到深圳、广九路沿线，赤地千里，草木枯槁，东江沿河，处处皆町步涉，旱象极重。"

乡间人家都吃当年存下来年的粮，可大多人家1942年就无存粮，1943年春节开始，不少人家已经没米下锅，如今又颗粒无收，饥饿难挨吃什么？番薯和喂猪的薯皮、薯叶、米糠、豆叶，以及香蕉头、木瓜芯、嫩树叶、苦菜心等等，吃完了就挖野菜，只要能吃的都吃，野薯野葛、老鼠耳、蕨菜、野麦菜等等也几乎挖干净了……

当年广东省政府粮政局的记载："四月初，最贵之沿海各县，每石米尚在千元内外，最高亦未超过一千六百元，不料旬日间，竟有突涨至四五千元者。"

许多人往城里逃，省城广州的粮食已是天价，连煮熟的番薯都切开一片一片卖，还用最细的秤金银的"厘秤"来称，更不要说大米了。逃进城里的

每天，茂球也翻山越岭，在碧岭三洲田一带的小山村兜售成衣……（深圳市东江纵队老战士联谊会 提供）

人依旧没有活路，每天清晨，大街两旁的商铺还没有开门，门外路边已经躺着不少皮包骨的“人干”。店铺主怕人死在门边，将死了或半死，个别眼睛还会动一动的全都推到路旁的沟渠里，等收尸人一到，一个人抬头，一个人抬脚，饿殍们被搬上四轮平板人力车，平放三四个，上面再叠加几个，码货物一样，层层叠起来运去掩埋。

城里人更是饿到极点，郊外的树皮草根已经绝迹了，幸运地捞出日本军马粪便里残留的谷粒，洗净了填肚子；有人发现洗干净龙眼核磨成粉漂水后煮成稀糊也能充饥；碾碎米站丢弃的稻谷壳，掺上有黏性的叶子做成难以下咽的糠饼也可以囫囵而下；更难吃的是周边田里的观音土，也让人挖得差不多了；最后更有人割死去的亲人的肉了……

饥民身体极度虚弱还能不病？常见的是水肿病，腿粗得好像水桶。而吃了糠饼和观音土，大多淤塞肠胃导致大便困难，最后就活活憋死了。

不管城里还是乡下，爆发了来势凶猛且大规模的霍乱等流行疾病，民众统称为“人瘟”，这病因饿而起，也有人叫它“饿瘟”。此病骤急凶险吐泻不止，两三天或七八天就一命呜呼，必须及时就医。想想，连饭都吃不上哪里有钱就医？这病传染性很强，一人得病全家相继染病而亡的情况较多。大旱年里到处是饿死病死和逃荒走难的人，到底有多少？有说广东减少了300万人口。

茂球和炳娣都是勤快的人，多艰难都没有断了念想，炳娣领着孩子们天天上山，靠山吃山。

每天，茂球依旧走家串户叫卖做好的成衣，多少年多少人都称赞他的手工一流，每一步针脚都不会走线脱线，往日不需要动嘴皮子就卖断货，如今嗓子都叫哑了也卖不走掉一件衣服。

他可以忍心不看路边树下饿得走不动的逃难人，小心翼翼躲开一不小心就踩上的病饿殍。

他却无法面对连一件成衣也卖不出去，走一天换不来一碗饭的日子。儿子们的记忆里他总是板着脸，儿子们何曾知道，不说养活妻儿，连自己也喂不饱，何等的羞愧？恨极了日本仔，可不得不向日本仔鞠躬，还要说那些叽里咕噜的日本话，这又是何等耻辱？

人不善言，什么苦闷都腌在心里，日积月累的郁闷比山还沉重。

傍晚归家，炳娣留给他一碗有几粒米的粥水，他低下头呼噜噜灌进肚子，看也不看小心翼翼顺着他的炳娣。

儿子们和他不亲，不敢瞅他半眼，怕他呼啸而下的五指大山。他看炳娣和儿子们的眼神好像看一只蚊子，一眼看穿蚊脚蚊翼蚊肠和蚊卵，这副威风凛凛一巴掌拍死蚊子的模样显得他特别高傲。直到有一天，他一进家门就无力地躺下了，不再严厉苛责了，他病了。他不会去看病，他知道自己得“饿瘟”了。

接着炳娣也昏昏沉沉起不来了，她也染上“饿瘟”了。

炳娣和茂球双双发病无钱无药，倒在床上腌菜一样蔫了几天，邻居同房叔婆过来一看，炳娣和茂球都奄奄一息了，都叹气摇头说不行了，帮着孩子们把两人搬到老屋厅堂等着伸腿断气。

民国30—37年（1941—1948年）广东省田赋征粮实绩表

表2—7 单位：市石

年份	征实	征借	公粮	积谷	合计	完成征额%	附注
民国30年	1116271				1116271	112	本年度只征实一项
民国31年	1479939	1185485	493313		3158737	105	本年度未带征积谷
民国32年	1236044	875051	494417	24721	2630233	92	
民国33年	817226	663612	558612	18620	2058070	74	
民国35年	2236694	1063512	1119777	372972	4792950	74	
民国36年	1722637	288128	861649	287860	3160274	69	
民国37年	1288818	862408	644569	431378	3227173	52	

资料来源：民国38年（1949年）《广东田粮通讯》第10期。

民国三十二年（1943年），大旱当年，广东国民党统治区依旧完成了征粮数额的百分之九十二……这是个“雪上加霜”的数字（选自《广东省志·粮食志》）

眼前的五个孩子，最小的六七岁，最大的十三四岁，他们天天上山挖炳娣带他们挖过的草根和摘过的果子，他们找草药熬成汤喂混混沌沌、连眼睛都睁不开的父母……

这天茂球醒过来了，有多少个日子没有睁开眼睛了？似乎从鬼门关回来，有点儿精神和力气了。他看到自己躺在老屋厅堂临时铺设的板床上，再看看邻床躺着的女人，明白她正在等，等最后的一口气。他冷静极了，所以变得温和。这令孩子们吃惊，他从来都是火烧屋那样急吼吼的，训斥这个吃没有吃相，责骂那个笨得像头蠢猪。

第一次看到父亲这样和颜悦色的样子，还和声细语把他们叫到床前。夜色里的小油灯灯光轻轻摇曳，昏昏黄黄中听父亲张茂球说话成了儿子们记一辈子的事情。这也是茂球的第一次，平静地说里里外外的家事，从没有说过这样久的话，久得就像窗子外头那个漫漫的夜……

家里有一本手抄族谱，他问儿子们还记得吗。

看到儿子们点头，他十分满意。

他想看看，自己生了这样一场大病，脑袋有没有坏掉。

他背诵一样开始说起家谱。最早移居汤坑的先祖是九飘公，汤坑的张姓开山始祖从九飘公算起。按照字辈排序：九—宏—喜—景—荣—茂—胜—达—三—光。

他说自己属茂字辈，儿子们属胜字辈。

他越说底气越足，记得一清二楚，九飘公儿子宏阳公，宏阳公生三子（喜字辈），其中一支为景新公（景字辈），景新公生荣字辈三子（荣华

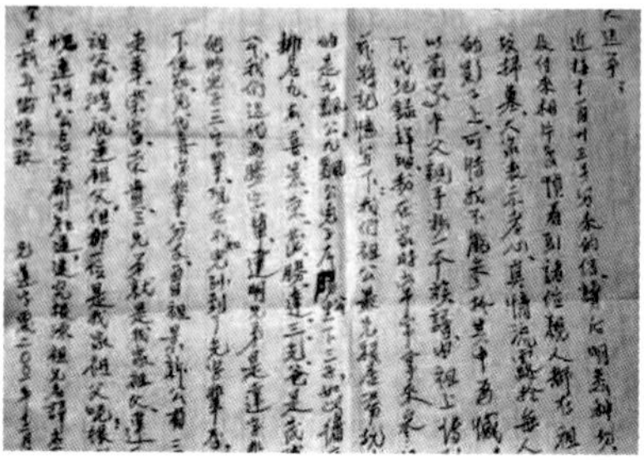

远在阿鲁巴的张运多少年后还记得父亲茂球那本手抄的族谱（张氏家族 收藏）

公、荣富公、荣贵公），这荣字辈就是茂球的父辈，自己茂字辈从九飘公算起，是进入汤坑的第六代了。第七代胜字辈，五个儿子，胜字辈枝繁叶茂不辱祖先。长子观水（胜华）前年早早走了，还是一张草席卷走的。男人流血不流泪，他在儿子们面前从不示弱，没有人听他说过心痛。

他往日逼儿子们背诵这个手抄族谱，稍有不对就瞪眼睛，这天他不要求儿子们背，自己说一句停一下，每一句话都好像一艘慢船，稳稳当当地靠泊在儿子们的身上。

他的脑筋没有坏掉，依旧记得一清二楚。

他淡定地看了看旁边的小板床，上头躺着昏昏沉沉的炳娣，这个养育了一群儿女的女人毫无动静干枯如柴，他看了好几眼。

他不愿意相信这个麻利的女人不行了。

过去的日子，茂球何时留意过这个女人？生活了几近三十年，也许都不知道她会老老实实躺在床上，会生一场这样的大病。

他切实地感到这个除了睡觉都在干活的女人，真的不能干了。

他对儿子们说了许多却没有睡意，他饿了，不可以像往日那样支使这个毫无生气的女人去弄点吃的。儿子们听话地做给他吃，搜出家里最好的东西——碧岭廖家刚送来的几条小番薯。

他吃过了，似乎很有力气，说到了无声无息的炳娣。

他对儿子们很肯定地说，他们的“阿咪”（阿妈）不行了，会走在他的前面。

她走后，要做什么？

他说得极其细微，就好像他精心缝制一件衣服，每一步针线都密匝结实不得含糊。

“过世”“买水”“抹尸”“报丧”“入殓”，一样一样都要讲究。

客家人死后男女有别，如何处理遗体？男人写（谥）姓名几十几寿，名某姓某府君之灵柩。女人则写庶妇（谥）几十几寿，某某（女性）孺人之灵柩。

人断气洗身就要赶紧告知黄竹坑的“妹家头”（娘家），出殡送葬时，那一面旗幡，要用竹竿挑起竖在灵柩前右方，这铭旌一定要请黄竹坑的“妹家头”擎上山的。

这样一个荒年，没有钱请人打斋了，做不起佛事也要准备好祭品奔丧。茂球撑身又看了炳娣好几眼，突然堵住了似的，不再和儿子们说什么。

谁也不知道炳娣听见了没有，也许听不见，也许听见了留着一口气没应声……

这个女人不行了，茂球在心里嘀咕。

他会心酸吗？他再次和儿子们说，落葬要有棺木，让你们的“阿咪”入土也要像个样子。他恨草席，一定想再怎么荒年也不能让这个女人，这个没有享过福的女人，被一张草席糊弄了去，就像大儿子观水 。

他交代好了一切，心安了，也累了，不早了，安心睡吧。

儿子们都很高兴，以为父亲的病好了。

第二天早晨，儿子们喊他起来，他已经断气了。他一点也不知道，为了这个女人的后事，自己用完了最后的气力。

1943年，广东病饿瘟死去的人开始还有副薄板棺木，后来卷张草席或麻袋，再后来大都裸身入土。有的在路边死的，家人都不去认领，认领就得付钱，再说都是将死的，先后而已，明日谁认领自己都不知道，裸身去就去吧，不少人家就这样灭种了。

人在荒年，几乎所有的死者都是裸身入土。茂球交代儿子们，炳娣一定要有副棺木。

结果所有的叮嘱都落在了茂球自己身上，四块薄板钉成的棺材，拥有一副入殓的完好棺木，他安心闭眼了，信佛的都说这是前世修来的福气。

他断定死在自己前头的女人却挺着，她就是荒年里的一根草，满山枯了萎了，等待着几滴雨一落又活过来。

乡里人说她命硬，明明要死的，含在嘴里的半口气就是不泄，这韧劲连阎王爷爷都畏惧，不敢要炳娣了。

"命硬"的炳娣，半昏半迷中哪里知道，自己一夜之间成了寡妇。

她渐渐活过来了，醒过来面对着床前一字排开的儿女们，没有欣喜，悲从心起，睁眼除了要吃饭的一张张嘴没有别的；她重重地合上眼，死了就什么也不知道了，这一闪念后又睁开眼睛，看着眼前的儿女。

横在眼前的还是一张张要吃饭的嘴，连流眼泪的分秒都没有留给炳娣，要不就闭上眼睛一头撞死。她摸索着挺起腰身爬起来，心里鼓捣着"天掉落来当棉被盖"这句老话。

1943年的她憋着不说话，只有一口气也要活下去。多难撑都得撑过去，她又像往日一样挑担驶牛犁田耙田。

1929年年初出生的三仔阿泉（志良）年岁最大，也只得14岁。1930年秋天出生的四仔阿运（胜玉）不到13岁，1934年出生的五仔天送（胜松）八九岁，而最小的儿女，女儿观凤（玉芳）和儿子马送也就在六七岁之间。

阿泉和阿运两个少年就是炳娣的左右手，忙时在家干活，闲时阿泉四处做苦工，阿运在坪山的药材铺当帮工，能干什么就干什么，只要有一口饭吃。

八九岁的天送被送到黄竹坑的炳娣娘家，娘家仅有炳娣的母亲罗氏和荫生的媳妇，没有男人的家缺的是劳力。小小的天送跟着外婆和舅母起早摸黑，闲时放牛、割草，忙时插秧或晒谷，种番薯、花生，整整干了一年。

炳娣的二仔大朋，参加抗日游击队就把名字改为“张德”（张氏家族 收藏）

连没有牛高的女儿观凤也给村里的黄长嫂掌牛（看牛）。

他们艰难地活着，除此外别无他法。

在苦难的日子里，炳娣想过她的二仔大朋（张德），这个1922年出生的、后来成为我父亲的人正好21岁，她唯一成年的儿子，最能依靠的儿子偏偏参加了抗日的东江纵队，还不知道儿子去了哪里……

炳娣不再想，不怨天不怨地，不怨二仔，她知道这个儿子不会回头，却不知道二仔其实离坪山不远，翻过马峦山，穿过大小梅沙和盐田，就是儿子活动的梧桐山……

1943年春天，炳娣听说了梧桐山凹下村（坳下村），日本兵进村追捕游击队员的事情，20多名游击队战士被烧死和杀害，却不知道二仔大朋也差点被烧死在那场惨烈的战斗中……

1979年后，有好几回我们姐妹和父亲到盐田、梅沙一带游玩，然而父亲从来不去和那些沙滩上的游客一起戏耍，他总是默默地在一些小路徘徊，寻找当年他们游击队税站所到之地。

有一次，他惊喜得好像小孩子，指着被草丛淹没的一处，还钻进去拨开半人高的草，依稀有一条小路，说是当年他在那场惨烈战斗后，老百姓领他走的逃生之路。

2000年，我的父亲去世了，翻看他留下的遗物，他的履历中记录了这场惨烈的战斗以及差点死去的细节。

1942年年底，游击队黄慕中队、戴鼎小队在梧桐山一带的山村开辟新区，父亲负责税收工作。

1943年春天，这天游击队队员在凹下村的禾塘（晒谷场）吃了早饭，转到山坑树林休息，父亲等几位税收人员已经分头翻山去各处收税，刚翻过山坡突然听到老百姓的惊呼和枪声，他们掉头就往驻地跑……只见日本仔的机枪“嗒嗒嗒”地一轮轮扫射，封锁了往对面山顶撤退的游击队。父亲是非武装的税收人员，没有枪，眼见被子弹击中惊叫着滚下山坡的战友，半山上的大部队被打散了，而日军还在不断逼近。

这种咫尺天涯的痛楚就好像击中的是父亲自己，不得不抑制着哀痛隐蔽在草丛里。日军并不放过掩蔽在山里的人，淋汽油引火烧山，火苗烈焰噼噼啪啪往山头直窜，遍野山草树木顿成火海，父亲他们无处可躲，紧急中跳进一条小水沟，埋在水里，大火驾风呼啸而过，眉毛都被火舔走了。

日军直到天黑才撤退，父亲他们摸黑返回村子，彻夜难眠，第二天清早老百姓冒险带他们到通往盐田（游击区）的小路……

1943年，炳娣和她的儿女们都撑过来了，活过了1943年，想想连在抗日游击队的二仔大朋也死里逃生，大家都活着。那时候什么叫幸福？有一口饭吃就是幸福，留着一条命就是幸福。

1944年、1945年和1946年的日子还是苦，不过和1943年的苦难相比，后来的什么苦都不算苦了。

炳娣的四仔阿运记得特别清楚，父亲茂球走了，他的那部如珍宝似的算盘还搁在桌上，布满了灰尘。家里总得有个会打算盘的，炳娣咬咬牙让适龄的阿运去读书。

三四年很快就过去了，算盘会打了，再读书就供不起了。

阿运特别爱读书。要吃饭还是要读书？炳娣正要说出口，阿运流着眼泪哭着求炳娣让自己读高小六年级，还发毒誓“涯乜介都唔使用，唔使花”（什么都不用，什么都不花）。

炳娣扑哧扑哧地落泪，“阿妹（客家人男孩女孩的统称）样边好？”

阿运扑通跪下，说自己一天少吃一顿饭。

炳娣心软了。

阿运也不食言，每天大约八点吃罢早饭上学，中午放了学，他都特意待在学堂不回家吃饭，直到下午放学，傍晚六点多才回家吃晚饭，给家里省出本属自己的一顿饭。

不要小看这空着肚子饿一顿饭，高小六年级的整整一年，他就用这个自己想出来的方式缴交了学费。

和1943年相比，这哪里是苦？这可是阿运记了一辈子的高兴。

最好的消息就是1945年8月的这天，日本仔投降了。

所有人都在盼想，生活会好起来了。

但炳娣的苦日子没有结束，她的二仔，我的父亲出大事情了。

1946年2月4日，担任东江纵队税务处领导的父亲，接到撤退的紧急命令，他和李和、林离、曾基、叶发等税务处领导带领各自所属的税务人员和民运队50多人（非武装人员）乘惠东税务处木船撤离三门岛，赶往掩藏在香港新界山区的东纵司令部……木船在三门岛和大鹏半岛之间的海面被英国军舰扣留检查，他们说明自己属于曾生的东江纵队。

英军舰上站着一位国民党军官，后来才知道这是一艘借给国民党的军舰，以剿匪名义在沿海地区搜捕和剿灭东江纵队的干部和战士。

早在1945年10月10日，国民党和共产党双方代表已经签订《政府与中共代表会谈纪要》（即《双十协定》），国民党政府接受中共提出的和平建国的基本方针。双方协议“必须共同努力，以和平、民主、团结、统一为基础”，“长期合作，坚决避免内战，建设独立、自由和富强的新中国”。还确定召开各党派代表及无党派人士参加的政治协商会议，共商和平建国大计。

英军和国民党政府之间有什么暗密协定？英军以船上查出一支长枪和几支短枪及几个手榴弹为由，说父亲他们是土匪，连船带人强行拖往沙鱼涌，移交给国民党政府。

每到一处，国民党军官都追查东纵司令部的隐蔽地点，审问同一个问题：东纵司令员曾生在哪里？

这证明他们知道抓捕的不是土匪。

幸好父亲和李和、林离等看到船上的国民党军官后就紧急碰头，命大家马上把所有的税本记录以及相关文件丢入大海，现款和衣物分散到各人，并做出如何应对国民党审问的决定，不能暴露部队的秘密，不能供出领导人和出卖任何同志，等等。

国民党军官说“不讲就枪毙”“不讲就电死你！”。父亲按照约定说自己只是一个伙夫，不知道曾生在哪里。

军官命令手下“把他电死”，电线捆着父亲的左右拇指，接着摇动一部电话机。刹那间，父亲手臂像被大棒轰然猛击，胸膛里似有把刀子揪心揪肺，全身发冷麻木，昏过去了……不知道摇了多少次电话机，也听不到什么了。

不知道过了多久，他被冷水浇醒了，没等缓过气又被问及同样的问题。他浑身无力慢慢摇头，于是再被“摇”了，一次又一次，惊涛骇浪的电击一波接一波，父亲依旧说不知道。

国民党军官说：不认识就枪毙你。

父亲说：你打死我，也是不认识。

三个月里，一轮再一轮地审问，先关押在葵涌，一站一站往下转，坪山，龙岗，最后羁押在南头监狱。

……

炳娣听说儿子被关在监狱里了，连连几声“样边好？”（怎么办）。

她会干什么？哭着央求救儿子？一个不识字的女人，不知道《双十协定》到底是什么，也不知道国民党政府接受了共产党和平建国的建议。

她一定会反反复复地说，自己的二仔大朋是读过坪山学校的人，不是土匪，抓他的人一定是盲了眼，抓错了。

她找家族里有头有脸有身份的亲友，能找的都找了，能打听的都打听

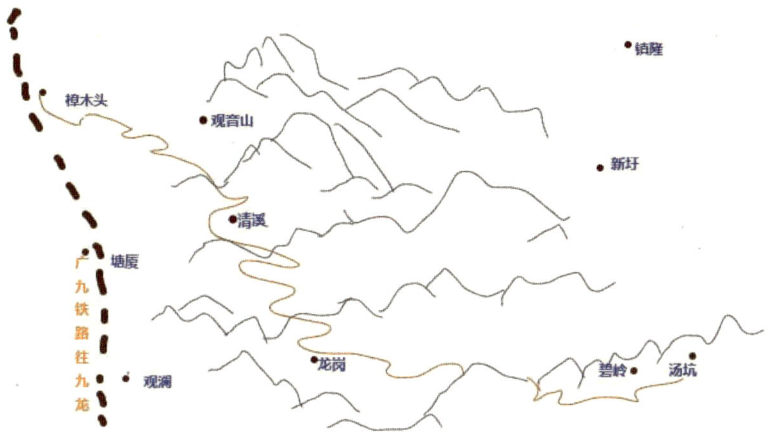

从坪山汤坑至东莞樟木头火车站要翻过多少座山？唯一的交通工具就是自己的两条腿（张黎明 绘制）

了，能借钱的都借了。

一心要筹钱救人的炳娣赶回娘家，恰好阿鲁巴的荫生弟弟的汇款寄到了香港，她大清早带上十二岁的五仔天送，赤着脚一路翻山越岭，从汤坑到龙岗，再进入东莞到达樟木头，坐火车到达终点站九龙，再坐船过香港岛，拿到荫生弟弟的汇款摸黑赶回坪山……

她琢磨着钱还是不够，七间祖屋从日本仔打到坪山就开始一间一间地卖，卖一间就好像割自己的肉一样痛，为救儿子一咬牙又卖掉了祖上张屋的老房，仅剩下高岭（高另村）自住的房子了。

可是，筹到的钱都花了，2月、3月，一天天过去了，人却没有放，炳娣的心很凉。

4月底的这天，炳娣领着儿子们在田里插秧。

炳娣赶到了东江纵队的北撤地点沙鱼涌（深圳市东江纵队老战士联谊会 提供）

田埂那头走过来一个人，只穿了一条短裤衩，光裸的上身，肋骨凸起活像一横一横的竹梯，身上除了一层皱皮就是鼓槌样的“肩头”和“膝头”，瘦成风吹就倒的重量，两条腿一摇三晃，撑也撑不起纸一样薄的身子，见多了大饥荒逃难的人，见怪不怪了。

不想这人走过来，喊炳娣“阿咪”（阿妈）。

炳娣心里像是被打了一棍，眼泪好比倒豆子，一把一把往下掉，抹都抹不及，嘴巴却是大咧咧的笑。大朋放出来了！被关了三个月的儿子和一起被捕的东纵人员，在共产党的营救之下，被集体释放了。她烧了一锅热水让大朋洗干净晦气，偷偷问二仔还走不走，二仔说不走了。只是没几天，大朋又不告而别了。

根据《双十协定》，1946年6月30日，东纵人员2000多人北撤山东，二

炳娣没有细看这艘美军登陆艇，她的心思全都在儿子身上（深圳市东江纵队老战士联谊会 提供）

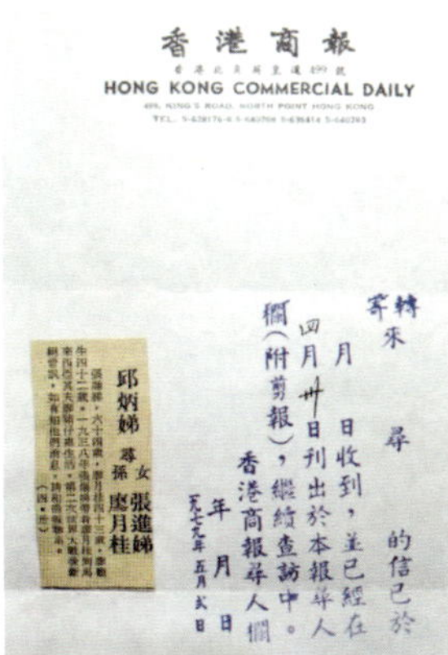

香港商報

HONG KONG COMMERCIAL DAILY

邱炳娣 尋女 張進娣
孫 廖月桂

轉寄來尋 的信已於 月 日收到，並已經在四月卅日刊出於本報尋人欄（附剪報），繼續查訪中。

香港商報尋人欄

年 月 日

一九七九年五月弍日

抗日战争初期，进娣跟丈夫去了马来西亚就失联了，炳娣一直惦记着，1979年儿子帮她在《香港商报》刊登了寻人启事，却没有音信……（张氏家族 收藏）

仔大朋也在其中。

炳娣一听到消息就和四仔阿运、五仔天送翻山越岭赶到沙鱼涌，马上就要登上美国军舰，哭别的人很多，怕一生都无法重逢。

山东有多远？二仔大朋咧开嘴笑似乎有点愧疚，但更多的是坚定。山东就算远在天边，大朋也要跟东纵的北撤部队走。

炳娣甩甩手不让儿子说话，“养仔知道仔心肝”，掏出熟花生熟鸡蛋放入大朋的兜里。

二仔大朋随着东纵北撤，她没有哭哭啼啼，山东远，远不过荫生弟弟所在的那个连名字也稀奇古怪的“阿鲁巴”，也远不过大女儿进娣嫁过去的马来西亚。山东是一条生路，活路不论远近。

这以后，炳娣生活如旧，一个女人拖拉着几个半大不小的孩子，驶牛耙田。每隔一两个月，儿子轮流跟着她去投墟（客家方言，指赶集）。一大一小两副担子，挑着家里的花生、番薯、梅菜干、萝卜干，翻过打鼓岭、小三洲，一过梅沙尖看到山下的海，急步赶到海边的盐田墟，换回盐和几条小咸鱼。如果能换条霉香大咸鱼，就已经像过年过节一样高兴了，就想唱山歌了……

惊怕的事情也有发生，这天五仔天送和一群“掌牛仔”（看牛娃）去放牛，对门岭锁匙头（地名）的坡下草丛特别浓密，坡边有个石塘（挖去石灰石积满水的深石坑）。

牛在山坡上静静吃草，孩子们却像孙悟空一样闹，有的跳进石塘游泳，有的趴在潭边晒太阳，还有两个孩子爬上一棵“鼎钟”树。树下不远有几截浓草掩盖的烂屋烂墙，两个孩子又笑又闹，抢着摘拇指大小的红果子，不知道惊动了什么，草浪一起一伏滚动起来。

孩子们很喜欢这甜甜红红的果，吃着摘着，草浪滚到跟前，一只老虎突然窜起扑向孩子。

“掌牛仔”们一看这黄斑纹大猫，有的吓得四散乱跑，有的吓得扑通跳进石塘。正在晒太阳的天送一下扎进水里，扑腾扑腾远离了岸边。

而那两个摘果子惊动老虎的孩子，一个被抓伤了手，一个被抓伤了脸……

老虎伤人啦！碧岭传汤坑，汤坑传黄竹坑，一传十十传百，坪山、龙岗、惠阳都传遍了。

不知道这件事对炳娣有什么影响。不久后，炳娣托人写信给弟弟荫生，她起码也要送一个仔“过番”（**出国谋生**）。

1947年，四仔阿运远赴阿鲁巴投靠荫生舅舅，又多了一条生路。

所有的选择都是找一条生路。

1947年，炳娣和远在阿鲁巴的弟弟荫生商量，四仔阿运模样俊秀，脑筋灵活，就让他过番讨生吧（张氏家族 收藏）

因为简体字，**千千万万个**中国女人都有了成为许广平或谢婉莹或林徽因的**可能**，那便是简体字**之美**。

第二章

炳 娣 的 歌 从 哪 里 来

炳娣们的歌，悠悠浅浅，传唱在一个个客家人们聚居的山坑。她们不识字，谁教她们唱会了这些歌？是她们的“阿咪”（妈妈），又或者是村间搭起来的戏台？一代又一代人反复地唱，歌生根在她们的心中。劳动中、休息时，她们轻吟低唱着曲中的“孝”，词里的“忠”，是否就如同在唱自己的人生？虽不如歌中那般惨烈，但她们同样侍奉公婆、相夫教子尽一生，这是她们唯一所知道的选择。

不禁想，假如那时候的她们能识字会读书呢？会有别的选择吗？

……

2017年，一起在台湾旅游的初中同学问我：“你觉不觉得我们应该用回繁体字？”当时的我从没有想过这问题，所以很疑惑：“为什么？”“繁体字比较美啊！”“可简体字推动了教育普及诶”，我回答。

这讨论不知道为何戛然而止，而后我才发现有“简繁之争”，批判简体字让中国传统文化丧失殆尽。非专家的我，自然无法判断中国传统文化因简体字被消亡了多少。但假如有人再问我简繁谁美，我会说，因为简体字，千千万万个中国女人都有了成为许广平或谢婉莹或林徽因的可能，那便是简体字之美。

——廖铮

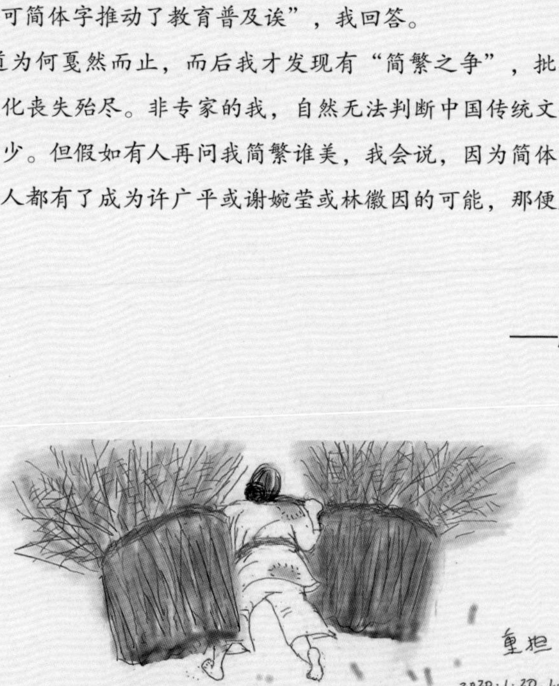

1949年 炳娣的“同年爷”

去找炳娣的旧日痕迹时，不仅仅我，她的子孙们都不约而同记起这个细节，她指着那幅贴在饭桌上方墙壁的画像说“毛主席系涯嘎‘同年爷’”（毛主席和我同年出生），模样真像一个孩子尝到糖甜般欣喜，直到我们读书长大成人，才知道炳娣的“同年爷”生于1893年。

炳娣何时得知有个大人物和自己同年出生？也就是全世界都知道的，1949年10月1日下午3时登上北京天安门宣布中华人民共和国成立的伟人——毛泽东主席。

炳娣不可能参加1949年9月的全国政协会议，她没机会聆听“同年爷”在会上说的“我们的民族将再也不是一个被人侮辱的民族了，我们已经站起来了”。

她，一个中国南方边缘的坪山乡下女人，竟然学会唱《东方红》，也许还在坪山参加过庆祝中华人民共和国成立的大会。在坪山的会场，无疑会悬挂着毛泽东的画像，她对“同年爷”的了解也就仅限于此。

炳娣一点也不知道，早在20世纪20年代末30年代初，“同年爷”就调查过赣南的寻乌、兴国和闽西上杭等客家人的主要聚居地，并写出《寻乌调查》《兴国调查》《长冈乡调查》《才溪乡调查》等调查报告。

他如何看客家人？这一份好奇让我翻开《寻乌调查》。这份1930年5月做的报告大约七万字，寻乌这个县位于闽粤赣三省的交界。往日我看过一些民国政府的年度报告，两相比较就知道差别了。《寻乌调查》真是实打实的调查，区的划分、交通、商业等等详尽得让人吃惊，还有“打斧头”（揩油

1949年10月，南下大军与中国人民解放军粤赣湘边纵队北二支会师广东梅关（深圳史志办资料）

水）、“卖奶子”（卖儿子）、“头牲”（六畜）等客家方言，全是炳娣身上的熟络味道，看看描绘人们着装的一小节——

衣服式样，民国九年何师父创用机器，兴“上海装”（破胸、圆角、打边）。民国十二年，上海装不要了，行一种破胸、方角、大边装。去年起行“广州装”（七扣四袋而身很长），一小部分人喜欢穿这一种，但多数人还是大边装。从来的衣，一律是旧式的“大襟装”，从兴新学起，开始有破胸新装，到了民国七八年，新装渐渐多起来。但直到去年，拿全县人口说，还是旧装的多，新装的少。近两年来，尤其是土地革命胜利后，新装日渐加多，特别以青年为普遍。青年学生，不待说老早是新装，青年农民、青年工人，大多数也是新装了，除非是很穷无钱做衣服的才仍然是旧装。在青年群众中，特别是鞋子起了个显著的变化。去年夏季，南半县抗租得了胜利，冬季又分了田，农村中三十岁以下的青年人，十分之七以上都穿起胶底鞋和运动鞋来（这种鞋的底是从广州运到兴宁，兴宁做成鞋子，每双十毛左右）。

1938年从香港返回坪山的曾生夫妇，他们身上也有《寻乌调查》说的胶鞋和手电筒（深圳东纵老战士联谊会 提供）

赤卫队和苏维埃办事人，不但一概是新式衣和新式鞋，他们还要佩个电筒，系条围巾，有些还要穿薄毛羽的夹褂子裤。

看到此处，脑海中禁不住浮出从香港返回坪山的曾生，刚组建抗日游击队的那张照片：脚穿胶鞋，肩背横斜着一根系挂着电筒的细布带子。

那些区分上海装和广州装的“方角”“圆角”“破胸”“打边”，我看得不太明白，或许只有当裁缝的祖父茂球才看得懂。

调查报告倒令我对客家女人有了更深的理解，这些20世纪初的赣闽粤客家妇女，生存状况都是大同小异。

毛泽东的落笔实在细微：

寻乌的女子与男子同为劳动的主力。严格说来，她们在耕种上尽的责任比男子还要多。犁田、耙田、挑粪草、挑谷米等项，虽因体力关系，多属男子担任，但帮挑粪草，帮担谷米、莳田、耘田、捡草、铲田塍田壁、倒田、割禾等项工作，均是男子作主，女子帮助；砻谷、踏碓、淋园、莳菜、砍柴割草、烧茶煮饭、挑水供猪、经管头牲（六畜叫头牲）、洗裙荡衫、补衫做鞋、扫地洗碗等项工作，则是女子作主，男子帮助。加以养育儿女是女子的专职，所以女子的劳苦实在比男子要厉害。她们的工作不成片段，这件未歇，那件又到。她们是男子经济（封建经济以至初期资本主义经济）的附属品。男子虽已脱离了农奴地位，女子却依然是男子的农奴或半农奴。

“同年爷”岂止与炳娣同年出生，炳娣和“同年爷”本无关联，却偏偏关联上了……

掩卷而思，历史是无时不在的风，有时候一巴掌落在你的脸上，一点

看田间地头行走的一双双大脚，还赤裸着，就知道她们是客家女人了（罗欧峰 拍摄）

温度和情面也不留；有时候它发出无数匹狼的咆哮，威慑着你；有时候它那看不见的巨手拽着你旋转往前。不可以逃避和拒绝它，它围困并席卷一切人，在它的眼里炳娣微不足道。确实，炳娣不过是风中一沙砾，小得不能再小，无法改变风向也不可能逃出旋涡，不管逆风还是顺风不管被扔到什么角落，她似乎都是逆来顺受的一沙砾，只是最后，风才发现丝毫无改这一沙砾的质地，历经无数的辗轧或扫荡，它依旧坚硬和细小，且在风中沉浮而不消失。

她始终在无法选择的困境中活着。

1893—1949年，炳娣走过了人生的50多年，从清末到民国再进入共和国，中国有多少苦难，炳娣们就经历过多少人生悲苦。

先生的外祖母黄云也生活在离坪山不远的惠阳淡水地区，享年103岁才去世的她曾经说过1949年之前的日子，留给儿孙一句至今深刻的客家话：艾阵时日日叫（那时候天天哭）……

她丈夫去世后，大儿子也被日本人杀害，走投无路将女儿卖给人家当童养媳，自己带着小儿子改嫁找出路，嫁过去的也是贫穷人，改嫁也没有带来转机，生活依旧有上顿没有下顿。不久怀孕了，生下个女婴，留下就多了一张吃饭的嘴，还有年幼的儿子、丈夫前妻的儿子。面对一张张吃饭的嘴，她亲手掐死了初生婴孩，心多狠才能下手？掐死眼前的婴孩不是唯一的选择，但杀死这个或许活着的那个就不会饿死。

活下来的她度日如年，每天都好像刀割一样疼痛，泪水不知不觉地落下，哭，天天哭，人人都知道她天天哭，于是得到“叫云”（哭包）这样的外号。

炳娣不也这样？长子和丈夫先后离世，活过来的她如何喂饱一张又一张嘴？

1943年茂球一走，这个家的担子真真正正落在了一个女人的身上，不算参加了抗日游击队的二仔，一个女人拖拉着五个孩子，最大的十多岁，最小的五六岁，生存的艰难有多难？她都过来了，也就“水过鸭背”没有了。

生路，什么是生路？

炳娣们抱团生存是她们最简单的活路。

炳娣“命硬”，就和“命硬”的人抱团取暖。除了碧岭暖园廖家的罗戊娣，还有碧岭廖族嫁到汤坑罗家的廖义娣，同是寡妇成了她们互相撑着活下去的支点。

她的命硬，她们都命硬，不硬怎么撑起一个家？很多很多年以后，后辈们认识或则互不相识的，都听说过她们三个“娣”互相支撑的故事。

炳娣和戊娣。

她和碧岭廖家罗戊娣越走越近，都是没有男人的女人，心通的事儿更多了。

客家女人嗓门大，两家相隔一条浅浅的汤坑河，吆喝鸡鸭回笼的声音都清清楚楚，同是寡妇，同病相怜，有什么要相帮的事情，你家缺了箩筐，我家要插秧了，“嗷嗷”一声吆喝

20世纪60年代初，黄云和外孙儿女们在照相馆拍照。从1949年10月开始，她会笑了，也不再赤脚，这天穿着一双十字拖鞋（廖氏家族 收藏）

就通上了话……

都知道炳娣和戊娣之间很亲近，有多亲近？炳娣对孙儿女们说过无数次，最艰难的时候靠廖家，最要命的年头，罗戊娣送过来的一箩番薯半筐花生和几个鸡蛋，救了孩子们的命……

2019年的今天，已经85岁的五仔天送（我的叔叔）不但记得常常一起干农活，与自己年龄相仿的戊娣女儿廖运娇。还记得自己一天到晚去打短工，插秧、割禾、晒谷、锄番薯，大多是到北岭（碧岭）的廖家干活，全靠廖家一碗饭或几条番薯的大恩大德，他才不至于饿死。

奇怪的是，戊娣的孙儿女们说的也是同样的话——幸好有汤坑张屋炳娣这一家相帮才熬过了最苦的日子。到底谁帮了谁？这相帮的情谊都留存给后辈们了。

戊娣和义娣。

这一个“娣”就是碧岭廖家同族人的女儿廖义娣，按辈分算是戊娣的小姑，义娣嫁到了汤坑的罗屋，1943年大灾荒，义娣的男人去打石场做苦工，被石头打伤腿，病着病着也无钱医治便去了，留下义娣和九岁、六岁、三岁的两女一男，那小女儿也取名炳娣。

三个没有了男人的“娣”都咬牙活了下去。

汤坑张屋的邱炳娣和汤坑罗屋的廖义娣，还有碧岭廖家围屋（暖园）的罗戊娣，本来就有来往，这下更是结缘抱团了。廖义娣也是个能吃大苦的女人，烈日当头，个子不高、身子单薄的她吆喝着大水牛，架着笨重的犁耙一脚深一脚浅，一身水一身泥浆，不管驶牛（犁田）耙田还是割禾插秧，大凡干耕田人的粗重活儿没有人比得过她。

碧岭罗戊娣的田地较多，日本仔刚来不久，丈夫就去世了，独子参加了抗日的东纵游击队，身边只有三四岁的女儿，她一到农忙时节就发愁：样边好？（怎么办？）

炳娣的儿子们过来了。

碧岭罗戊娣的女儿廖运娇（后排左一）夫妇一家（廖氏家族 收藏）

碧岭的廖义娣嫁到汤坑罗家，生下女儿也取名炳娣（黄翠玲 提供）

20世纪60年代，廖义娣也进城照了相，身后的女儿小炳娣已经从卫校毕业，还结婚生女，抱着小孙女的义娣穿鞋着袜，不再赤脚……（黄翠玲 提供）

义娣也二话不说，不但赶来“驶牛”，还带着自己六七岁的小女儿罗炳娣，模样俊俏的小炳娣帮着“掌牛”（看牛）、种番薯和地豆（花生），甚至还扛着比自己高的大锄头松土除草浇水。

直到2019年，当年的小炳娣已经老了，可还记得大姑罗戊娣夸奖自己的话，“乜介都会做，好能太，等阿妹嫁人，大姑打赏阿妹！”（什么都会做，太能干了，等阿妹嫁人的时候，大姑一定好好打赏阿妹。）

三个“娣”就这样互相温暖着，熬过了没有笑的年代，抱团暖身的日子也许是苦难年代里最幸福的记忆之一。

这不是她们的发明。

汤坑的老辈人口口相传里有这样一个故事，客家人自秦朝从中原一路往南流落，几乎都是迁徙走难的日子，祖上大多从福建逃难入粤，跟随往东南入粤的迁徙队伍路线：宁化石壁（福建和江西交界）—汀州—上杭，辗转进入广东梅州地区，再进入惠州地区。

清朝时期，龙岗坪山一带属于归善县，即现在的惠州地区。我试图在《归善县志》的图文里找到坪山汤坑的踪迹，特意请深圳本土的多年老朋友，深圳市博物馆副馆长蔡惠尧解读原文，“《周礼》：形方氏掌制邦国之地域，而正其封疆；而大司徒之职，则掌建邦土地之图与其人民之数，以周知九州之地域广轮，辨其山林、川泽、丘陵、坟衍原濕（应为隰）之名物。图之系于国也，綦重邑，扆山襟海，左安陆，右罗浮，中包郡治，诚抚图以思其山川之险易，而古今治乱之情了然指掌间焉。图盖可忽乎哉？”

这图这文，这巴掌大的图文之间概括了多少兵荒马乱的岁月？

老辈人口口相传，祖上张家人和罗家人互帮互助一起从闽入粤，两家都有襁褓中年龄相近的婴儿，有天不知是走官兵还是走盗贼，急忙中抱起婴儿就跑，歇息时细看，似乎抱错婴儿但又无法确定，也就将错就错了。

他们一起进入汤坑，开山始祖的张姓先祖九飘公与罗家先祖怕弄混了，立下张罗两家互不通婚之家规，这祖训一直流传至今。

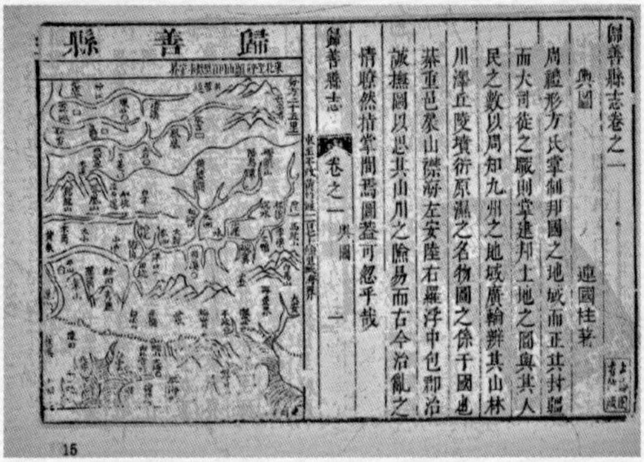

《归善县志》的图文，坪山汤坑或黄竹坑在哪里？就在从东往西的山川流水之间（选自《归善县志》）

从秦至宋元延续到清朝的近两千多年，以及民国的几十年间，客家女人艰难的生存状况一直没有多大改观。

她们抱团相帮撑到了1949年中华人民共和国成立，用她们自己的话说“出过一道世”（又出生了一回）。

这一年，村里有许多新鲜事，北撤去了山东的二仔大朋（张德）突然回乡了。小村子比煮开水还闹腾，尤其半大不小的孩子们，盯着二仔和他的小警卫员，从脑壳上的帽子到脚上的胶鞋，最终落在两人身上挎的枪，闹着要开几枪……二仔和村里人说了不少炳娣一时间听不懂的话，炳娣来不及问清楚，儿子就匆匆忙忙走了，说要工作，还和自己“捉手仔”（握手）。

不久，村里来了一些装扮和儿子一样但没有挎枪的人，说着什么婚姻法，什么婚恋自由，什么保护妇女的婚姻条例……1931年由毛泽东签发的《婚姻条例》，禁止童养媳被列为第一条。

炳娣们，这些从来没看过也看不懂《寻乌调查》的客家女人，听着听着

炳娣想不到儿子大朋（张德）带着警卫员从山东回家了（张氏家族 收藏）

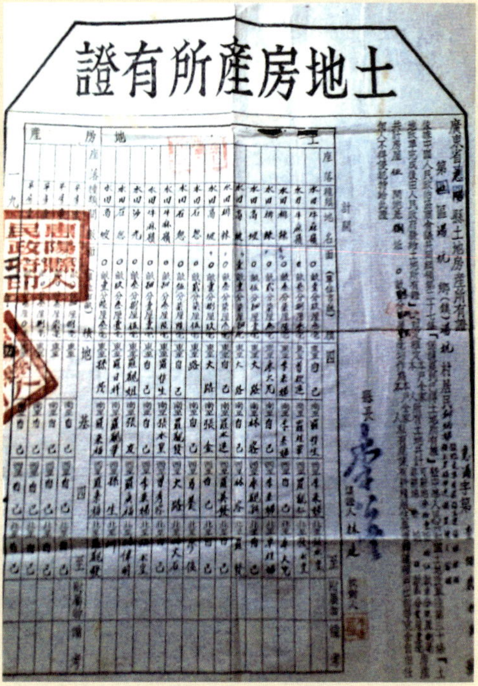

炳娣接过了这张《土地房产所有证》，看着户主邱炳娣的大名，能不笑吗？（张氏家族 收藏）

听出了自己的解释：妇女解开放，乜介都有恐（妇女解放，什么都不怕）！

结果，炳娣先是让二仔大朋的童养媳回了自己的家，后来三仔阿泉（志良）也和父母指定的媳妇离婚了。那阵子离婚还不太被人理解，童养媳离了婆家不被娘家接纳的很多，炳娣收留了好几个干女儿，都住在自己家。凌戊英就是其中一个，炳娣视为己出，直到今日两家后人还来来往往。

我惠东客家村子盐灶背的大姨妈婆家，在当时有田有地，还开设了鸦片烟馆。开设的鸦片烟馆虽被禁止了，她却屡次说共产党好，好在规定一夫一妻，使她染了“花病”的男人断了花心……

确实如《寻乌调查》的结论，“妇女在土地斗争中是表现非常之喜欢的，因为可以解决她们没有人身自由的束缚。未结婚的青年群众中，差不多不论哪个阶级都拥护婚姻自由的口号”。

炳娣们开始学会笑了，能不笑吗？

1950年冬天实行土地改革，炳娣一家分得田地十七斗种（十二至十三亩），户主一栏堂堂正正写上了一个女人的名字：邱炳娣。

以前客家女人连祠堂都不准进，女人事必听从男人，没有话事权利。如今她们和男人一样选村主任和村干部，因为多数人还认不全姓名，所以一排候选人后头放了一个小碗，炳娣们手里抓着一把豆，想选谁就把豆子投在谁的碗里。

炳娣被选为小村子的妇女主任，她生平干过的第一件大事也许就是组织扫盲班。这个班不敢和汤坑聚群小学比，一群六十岁上下的炳娣们竟然要“出过一道世”（又出生了一回）扫自己的盲。扫盲班就开在炳娣的家里，教书先生就是炳娣在坪山力行中学读书的五仔天送（志忠）。第一次学唱“东方红，太阳升，中国出了个毛泽东”；第一次写“中华人民共和国”还有“大小上下左中右”以及钱币上的“分角元”。五仔天送（志忠）武汉大学毕业后曾在大学任教，他的理想怕就是此刻种下的。

炳娣平生第一回写“邱炳娣”三个字，这一刻对于她可是翻天覆地的大事。历史不会记录这些太普通的女人。当时全国总人口有5.5亿人，80%以上是文盲，而农村的文盲率更高达95%以上，炳娣们在95%里是多么的微小。

我亲眼见过她一笔一画写出的名字，不好看，歪歪扭扭的，不说娟秀，连端正都谈不上，可炳娣眼里的欣喜不亚于那些即席挥笔的大书法家。

不说“80后”的女儿，连我都想象不出六十岁的炳娣握着一杆笔的状况。我不知道自己从什么时候认字的，可我知道女儿三岁上幼儿园那年，每天坐大巴或小巴上路，我在路上就掏出一叠识字卡片，变着法子让女儿认字。炳娣六十岁才认字？和女儿相比，天和地的差距。

这个惠阳的乡村正在“豆选”村委主任（卓阳 提供）

这也许是她生平的“第一次握手”（卓阳 提供）

戴着头帕的客家女人们正在开大会（卓阳 提供）

这样的炳娣不是一个两个，一群女人，这一个小村子的客家女人都成了识字班的学生。

不是一般的识字，是一个“扫盲运动”。

出生在20世纪50年代的我们，从小和她生活在一起，从没听过她诉说苦和悲，总是笑，孩子那样笑，笑不够地笑。

生活渐渐宽裕，购置耕牛一头以及各种农具，而在阿鲁巴谋生的四儿子阿运也每年给家里寄点钱……

这是从来没有过的好日子。

炳娣们生平第一次去乡里开大会，学会像儿子那样“捉手仔”（握手）摇晃两下，真是新鲜事儿。最新鲜的莫过于去了一趟省城看儿子。

儿子们也给自己起了新名字，炳娣的儿子大朋叫“张德”，戊娣的儿子火仙叫“廖新华”，他们都成了共和国政府的干部，一个在佛山，一个在增城。

大概是1951年，儿子们一起到省城广州开会。

炳娣和戊娣相约到省城看望开会的儿子，经常劳作的她们穿上自己最新的阔大黑衣唐衫。第一次没有卷起裤腿，头上还裹着花边的黑头帕，这是她们最隆重的也是唯一的装饰。

第一次坐火车去省城，进入开会的住处广州爱群大厦，一进酒店大堂，大概像现在被抛到某个星球一样手足无措，也许走累了也许太高兴了，如在家乡那样一屁股坐在凉飕飕的光滑地板上。

儿子们让母亲们坐沙发椅子，她们都摇头说不用，地板多干净，比家里的地堂和石壆都干净。

她们还惊奇地看着一根绳子吊挂着的灯，比火水灯（煤油灯）亮堂多了，可关灯却很麻烦，噜起嘴巴使劲吹，吹也吹不灭……儿子们告诉她们，拉一拉门边的绳索，灯就可以灭了。

这么一点点事情，炳娣和戊娣哈哈笑，你看我一眼，我看你一眼，怎么这样笨？连带眼泪一起笑了出来。

第一次去省城，第一次拉电灯绳，一个小小的故事，炳娣不知道和儿孙们说过多少次，不知道笑过多少回。

炳娣去过这一趟省城，汤坑张屋、高岭（高另）的老老小小，尤其是女人和孩子，闲时都喜欢上她家串门，喊她叔婆，听她一遍遍说城里的新鲜事。

有好奇的问她有没有上北京，“有冇坐飞机”，她大笑“坐乜介飞机？坐笨箕！”（坐啥飞机，坐畚箕！）

直到她将近八十岁的那年，养女凌戊英带着女儿阿贞来佛山城里过年，有人问炳娣多少岁了。

她抿嘴笑着说自己六十三？真的是六十三？阿贞不解。炳娣又笑，问：七十九不是六十三吗？

大家明白过来了，也笑。

这无疑是她笑也笑不够的日子……

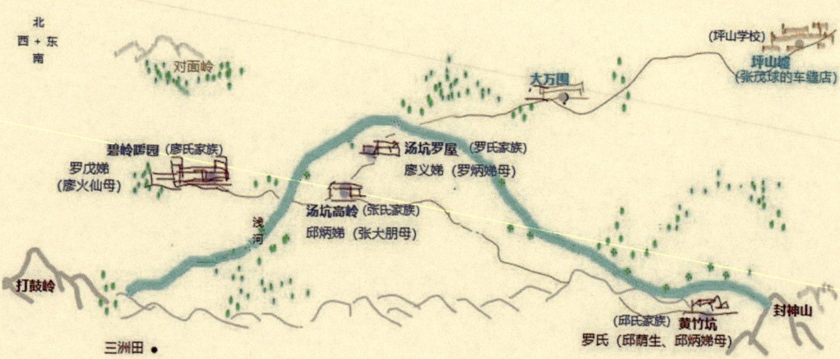

女儿看着看着说，这么多“娣”搞混了，你画张图吧（张黎明 绘制）

1954年　汤坑的浅水河

1954年，我第一次返回家乡时遇见了它：汤坑的浅水河。

这年我才三岁，一个三岁的懵懂小娃能记得汤坑的浅水河？可我偏偏记得，我和弟弟一人一头坐在客家舅婆挑着的两只箩筐里，蹚过一条清浅的小河，水下面满布大大小小的卵石，舅婆赤裸着一双大脚丫子，踏出一片晶莹的水花。

这一双大脚如此深刻地定格在我的幼年：我的第一次回乡。

长大成人后才知道，客家女人是汉族中少有从未缠足的妇女，也是从事“井臼、耕耘、樵采畜牧、灌种”等田间劳作的主力。这无疑是劳动的需要，因此一些文人墨客断定她们终日劳作“抛头露面”，地位比“缠小脚”不需田间劳作的妇女低下。这大体都是男权的视角，认为女人都是附属物，如笼中小鸟是可供玩赏的唯上品，劳作人即为下等人。

我越来越相信，即使缠足可不做粗重的活儿，可以比不缠足做粗重活儿的女人地位高，炳娣们依旧会选择要一双天生的“大脚”。这就是孙中山在推翻封建帝制后的民国元年，宣布废止“缠脚”得到广大女性拥护的理由。

……

不起眼的小河已经过去六十多年了，这是我第一次与它相遇，溅起的透明水珠落在脸上的沁凉，手伸出箩筐怎么也够不着水下的卵石，客家舅婆的赤脚噼噼啪啪踩在卵石上的洒脱，她的凉帽帘儿不时煽动，好比大鸟扑腾的翅膀……这都叫我们惊乍无比地笑和叫，说不出的味道，连我自己也琢磨不透，记忆为什么还像昨天发生的事一样清晰？

据说客家风俗男人六十岁、女人六十一岁做大寿，1954年应该是邱炳娣六十一大寿，父亲带着我们一家从城里赶回乡下汤坑给祖母祝寿。

这之前，我的童年似乎和我没有丝毫的关联，或许说我的童年是一本没有打开的书，三岁的我和六十一岁的炳娣相遇之时，童年这部书突然打开了。汤坑的浅水河好像一枚书签藏在童年的扉页，每每翻开就会萌动寻找的渴望，而且时间越久也就越强烈……

那年，一个三岁的孩子必定对乡下充满了好奇，才会有那些细微的记忆。

她们，也就是舅婆姑婆叔婆们，从来没有进过省城的她们，也应该对城充满了好奇。

好奇对着好奇，三岁的“小城娃”成了她们探求的“稀物”，粤语口音或新奇的小鞋小袄都令炳娣们开怀大笑，给我一条好吃的大番薯就乖乖听她们摆弄，逗我不咸不淡地学几句客家话，还打听我在城里幼儿园的一点一滴。

我第一次和我的客家父老乡亲见面，说了许多自己很快就忘记的话，有一句我记住了，老师描绘世界上最好最美的是红扑扑的苹果，我说自己的脸是“苹果面”（苹果脸）。

从没吃过北方苹果的炳娣们偏偏怂恿一个3岁的娃，肆意评价她们的脸。我一定有点疑惑地看着一张张包围了我的脸，这些连最普通的雪花膏都没有涂抹过的脸，鼓起大大小小棕色虫子一样的皱纹，应该不是“苹果脸”，慌乱中我没有想出这到底是什么脸。大凡一个孩子碰到复杂的事，想不透必定大哭，我想哭，或许已经哭了？说了什么？忘记了，却记住了“痰罐面”这一句话，估摸炳娣为了帮我解困，教唆我说出一句“痰罐面”。

她们一听到“痰罐面”就爆发了大笑，这是口如大碟肚子鼓鼓的搪瓷罐，她们如何知道城里人尿尿用这样的器皿？在这之前，炳娣们是否热议过城里人的可笑？盛尿不用大大的桶，用这样精致好看的罐，容量太小了。她

1955年，小弟弟宇明出生了，炳娣进城照顾我们（张氏家族 收藏）

们除了笑就是笑，诋损还是幽默，我分不太清楚……只记得一张张向日葵那样的脸，在我的脑壳上乱晃。我被一群快乐向日葵包围了，也稀里糊涂开心大笑。

后来，只要我回乡就有戴了头帕、皱纹细密的客家婆娘摇晃我的手臂，亲热得不行，“涯斗苹果面转来了？”（我们的苹果脸回来了？）还问，记得“痰罐面”么?

这时候我已经知道“痰罐面”不是赞美，而是说很丑的一张脸。这等贬损他人的羞事，我都想找地缝钻了，她们还惊惊乍乍地笑，亲热极了。

我的童年开始流淌一条“客家”的河。

自从我1979年返回深圳，每当回汤坑都打听记忆中的浅水河，父老乡亲们说汤坑和碧岭（北岭）之间确实有一条浅浅的河。

我怎么没有看到？河去哪里了？内心荡起那些渴望的涟漪，都因为没有找到思念中的小浅河而变得有点儿惆怅。

流过碧岭陂头的河和流过汤坑的浅河有什么关系？我看着陂头的大樟树发愣……旧日的客家婆娘们去的去老的老，无法忘记的河也好像被她们带走了。

坪山已经不是旧日的坪山了，碧岭和汤坑越来越像城了，陂头那棵河边的大樟树不知道什么时候倒下了，河水枯成榕树须根那样细……

在此书的第一章（调查背景）里，记载了坪山河……（张黎明 拍摄）

我在《深圳东北地区围屋建筑研究》第一章第一节“自然地理环境”看到这段文字记载：“深圳市范围内共有大小河流160余条，山脉走向多从东到西，贯穿中部，成为主要河流的发源地和分水岭。其中东北部发源于海岸山脉北，能流入东江或东江的一、二级支流的河流属东江水系，主要有龙岗河和坪山河等……坪山河属于淡水河一级支流，发源于三洲田梅沙尖，流域大部分属于坪山街道范围。”

是坪山河，那些细密浅显血脉一般布满坪山的流动，其中一股涓流就是流经我的童年、潜伏心底的浅河。

……

1955年邱炳娣从乡下进城和我们同住，尽管父母的工作经常调动，家也在江门、佛山等珠江三角洲地区一带流动，只是有炳娣就有“笑”，我们也自然而然学会讲客家话。

不过爸爸没有让我像客家人那样喊祖母“阿婆”，而是随了珠江三角洲的粤语乡俗叫“阿嫲”。

每天饭菜上桌，那时候菜不很丰富，有时候菜上头就漂浮了3—5片蝴蝶翅膀一样薄的全肥肉片，父亲总是把第一片肉夹到“阿嫲”的碗里。过年时节的白斩鸡盐焗鸡，鸡腿肯定先给“阿嫲”。日渐年渐，我们都知道这是规矩，“阿嫲”是家里年纪最长的人，只有她动了筷了我们才可以动筷子。

20世纪60年代，她不肯闲，先是照顾我们，后来又去广州照顾叔叔的孩子。

那些日子，她不太像长辈，不管“阿嫲”还是“阿婆”，她总和我们一起玩，玩伴那样的玩，她还真是爱玩。那时候不像今天什么玩具都有，我们五个兄弟姐妹也玩得很高兴，女孩在屋前硬地丢沙包跳格子，男孩摘门前苦楝树仔夹在橡皮弹弓里互相追逐，翻开屋边的砖瓦旮旯找蜗牛壳轮番比斗……

炳娣不玩这些，她玩“纸牌”，也就是扑克。

我们和“阿嫲”一起围坐在床上打纸牌，玩了一遍又一遍，我们玩着玩着会厌倦，可她从来不会，而且还不准许我们厌倦。

炳娣的儿女们都长大了，五仔天送更名志忠，从武汉大学毕业回广州工作，还带回湖南媳妇黄玉芝。20世纪60年代他们生下第一个女儿后，炳娣就在广州和佛山两地之间奔忙（张氏家族 收藏）

有时候我硬被她拉着玩，心里不想玩就翻眼嘟嘴，还丢了牌仰面一躺，她就屈起两根手指说给你一“嘎啄”（客家话，意为敲打脑壳），其实就算她“嘎啄”其实也不很疼。

更多时候，她抄起插在蚊帐和草席之间的葵扇，啪啪打我的大腿或屁股，哪里有肉就往哪里打，一把大葵扇再用力打也不太疼，我鱼一样翻来翻去就是不肯起来，她的大脚趾和二脚趾好像老虎钳，一下夹住我瘦瘦的小腿肚子，真有点疼，夹着打着吵着就更好玩了，玩到最后我就乖乖地陪她玩。

不仅仅我，所有她的孙子孙女，都经历过这样的“阿嫲钳”，自然学会把自己的脚趾变成那样好玩的“钳”。

天冷的时候也打纸牌，大家围了摊开的被子，手在被窝上头出牌，脚都伸入被窝，玩着乐着，几双脚就在被窝里钳成一团，这般嘻嘻哈哈身子就热乎了。

那时的生活不富裕，除了父母，我们都睡大通铺，棉被也是我们几个调皮鬼的最爱，我们用客家话叫嚷着“粘暖”， 也就是互相挤碰在一起让身子暖和。

天长日久床上棉被又旧又破，棉絮也开了花，上头的七八个网洞有多糟？小的像鸡蛋，大的像篮球，撑开像闪烁的星空。

我和弟弟妹妹们一点也不嫌弃它，依旧玩得高兴，在被窝里捉迷藏，从“篮球”钻出钻进，从“鸡蛋”伸出两条晃荡的腿。

突然，被子被掀开了，我们愣了一霎，瞪着举了把大葵扇的炳娣。她气势汹汹，大葵扇噼里啪啦落在所有的屁股上，我们挤成堆或者互相裹在一起大笑。

……

她最高兴是收到阿鲁巴的来信，这让我知道我们有一个叔叔阿运住在那个地方。

每逢收到那些夹带了相片的阿鲁巴阿运叔叔来信，她会反反复复和我们

炳娣最挂心的儿子，远在阿鲁巴的阿运也成家了，炳娣想儿子时会看结婚照，看着看着就问：做乜介（为什么）娶“番鬼”婆?（张氏家族 收藏）

炳娣不管心里有多遗憾，还是把阿鲁巴儿媳玛己丽的照片嵌入了家族的镜框中（张氏家族 收藏）

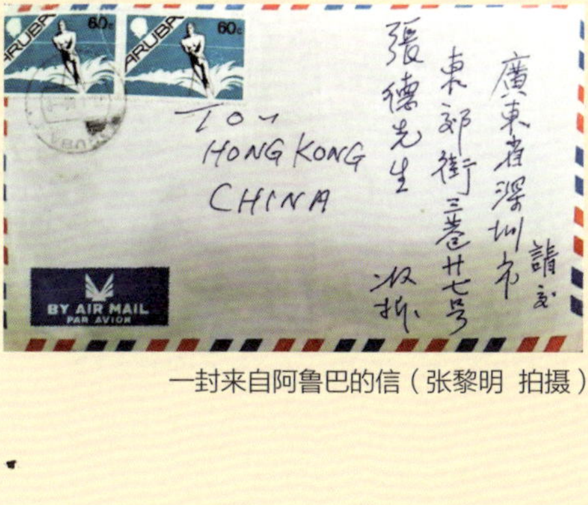

一封来自阿鲁巴的信（张黎明 拍摄）

一起看相片，最后搬个椅子，让我们站在上头取下挂在墙上的相架，把新照片放在里面。

家附近有一家“红星”电影院，她常常带我们去看电影，陪她看电影也是我们童年最好玩的事儿。

一张1角5分钱的大人票可以免费带一个幼儿进场，我们几个都想跟着她去看电影。我们轮流跟着去看电影，也渐渐看电影上瘾了，一直看到个子长高得买半票，我们姐弟几个年纪像楼梯一级一级相差不大，有半票有免票。每每她带上我们去看电影，时至今日我们都一致认为那是最高兴的时刻，没有之一。

她爱看电影爱到什么程度？只要是电影都不会落下，《天仙配》《梁山伯与祝英台》《窦娥冤》《花为媒》《秦香莲》《打金枝》《刘三姐》《白毛女》《董存瑞》《红色娘子军》等等电影都看好几遍，一旦她喜欢上，看完一场就接着看第二场……过了些日子重新放映又再看，不生厌倦。

想想，一个坪山的客家女人，年轻时除了娘家黄竹坑就是婆家汤坑，平日出门最远远不过坪山或翻过山的盐田、沙头角，为救儿子，去过趟香港，那是她最远的远行。粤语和普通话都听不懂，她靠什么看明白这些黄梅戏、越剧和京剧的电影？还一遍一遍地看，因为听不明白，才一遍又一遍看？不明白看一百遍也不会明白……她看着看着还会笑或流泪，能说她不明白？

她如何看懂？想来想去至今还是一个谜，脑子却突然被敲了一下，炳娣如何看懂一点也不重要了，重要的是，炳娣就是陪伴我们长大的河……

1958年　说唱“孟姜女”

1958年，我上学了。

上学第一天，炳娣穿着新衣服特地送我去学校，每每碰到认识的人就笑着说：涯送阿妹返学哦（我送孙女上学啦）。

她几近六十岁才被“扫盲”，即使“扫盲”，斗大的字也就认得几十个。几近七十岁执意送我上学，那份高兴比上学的我更多。

有点奇怪的是，上学成了吃饭睡觉那样的事儿，一年365天吃过什么谁也记不住，我也没记住读书的许多事情，倒是记住了不读书的事情。

我大概上二三年级时，不知道如何感染了病毒性肝炎，住院休学有大半年，也就是整整一个学期。也就只有八九岁，先前和几十个孩子住在大病

我上小学这年，炳娣（前排中）和我们在照相馆拍的全家福（张氏家族 收藏）

房，没有几天突然隔离了我，搬到一栋独立小楼，躺在连我在内只有三个孩子的病房，我的床在中间。我看看左又看看右，一个脸向着我，一个脸背着我，白白的被单几乎把他们全盖住了，只看到一点点的脸，男孩女孩都分不清，他们一动也不动，睡着了？

这就是传染病隔离病房，屋子里太静了，偶尔外面有只飞舞的小虫子撞在纱窗上，翅膀扇动的声音也一清二楚。我很希望他们醒来，可等着等着就困了，睡了，醒来的时候，他们依旧没有一点动静。

那时候住院没陪护人一说，妈妈起码五六天才来看望一次，我独自面对陌生和黑夜，还有不醒的邻床。奇怪的是，我一点也不害怕，即使后来知道他们的病很严重，一个脑膜炎一个小儿麻痹症，随时有生命危险，治好了也可能会残废，一个脑子会傻，一个手脚会瘸。

我不吵不闹也没有撒娇，换在今天是不可思议的。我见过如今住院的孩子，那是一个“宠”，有的家庭全家上下总动员，病房简直成了“嘉年华”大会。

我实在想不透自己，八九岁的孩子从来没有独自出过家门，进入隔离病房前住的大病房，有一个护士小姐姐会画画，她天天给我们一群孩子画画，可转入隔离病房就只有独自一人了，为什么不会怕？不但一丝恐惧记忆都不曾留下，还留下天天站在小楼外，仰头和大楼上的病孩们隔空呼唤的美丽记忆……

我找不到答案。

或几周或一两个月后，家里怕我被传染上他们的病，我出院回家了，不用上学天天和炳娣泡在一起……

思绪到这里突然被点亮了，那些年的记忆回来了，一盏有声音的灯，那个为什么不害怕的答案似乎也有了。

那时的夜晚，城里几十米远才有一盏街灯，屋灯一灭就是墨黑深沉不见底的深渊，漫天的星星忽明忽暗，每每灯绳一拉我们会缩进被子里，探头看着黑夜，这是一张世界上最黑沉硕大能把一切吞进肚子的嘴，我们因为怕而蜷缩在炳娣的身边。

我是长女，羡慕趴在她怀里的弟弟或妹妹。

我和炳娣温软的怀抱隔着弟弟，我用力气吸，吸着枕上她特有的闭着眼都知道的味儿。那冲凉后或衣服被太阳暴晒过混合了她肌肤散发的味让我安宁，我静静缩成一团听她说听她唱。

夜夜点亮的就是这一盏有声音的灯。

炳娣的故事和歌词，隐含的意思都是迷迷糊糊让人似懂非懂的，我们听着听着就在她那些带了味道的声音里安稳入睡了。

她反复讲这样一个故事——

从前，有一对年幼的姐弟去姐婆（外婆）家，遇到了吃人的"夆鸡嫲"（是一个吃人的怪物），它冒认是姐弟俩的姐婆，姐姐不相信，说"姐婆脸上有个黑痣"，"夆鸡嫲"捡了一片黑色的田螺皮贴在脸上。姐姐又说"姐婆穿绸布衫"，"夆鸡嫲"捡了块芭蕉叶裹在身上。

姐姐背着弟弟跟"姐婆"回家了。

天快亮了，姐姐被什么声音吵醒了，她问"姐婆"噶扎噶扎在咬什么？"夆鸡嫲"说吃花生。不一会又"砰"的一声，姐姐问什么掉地上了？"夆鸡嫲"说弟弟的背带掉了。

朦朦胧胧中，姐姐发现弟弟没有了，掉到床下的是"夆鸡嫲"吃剩的脑壳，姐姐怕极了，这不是"姐婆"，一定是阿咪（阿妈）说过会吃小孩的

炳娣的笑，那些故事和说唱，是我童年里的一盏灯（张氏家族 收藏）

"耷鸡嫲"。不能等"耷鸡嫲"吃自己，要想办法逃出去，她说去尿尿，一出门就爬上了树顶。

"耷鸡嫲"也急忙跑到树下，姐姐想法骗"耷鸡嫲"上了树，姐姐假装帮它捉虱子，把它的头发缠在树丫上还打了死结。

姐姐跳下树，"耷鸡嫲"也跟着跳，一下子头发挂在树上，不但跑不了还痛得嘎嘎叫。

姐姐拼命跑，跑着跑着遇到一个拿锄头的耕田佬，告诉他"耷鸡嫲"吃了弟弟还要吃自己……

耕田佬赶到树下，看到扯脱了头皮的"耷鸡嫲"，一头是血的它问耕田佬"样边好？"（怎么办？）。耕田佬让"耷鸡嫲"用石灰水浇脑壳，它把整个脑壳浸泡在石灰池里，痛得嗷嗷大叫，耕田佬趁机一锄头将"耷鸡嫲"打死了，变成水田里的"胡琪"（蚂蟥）了。

这一个客家人流传的恐怖故事，我们听了一遍又一遍，就好像打预防针一样，听多了就不怕了，还和弟弟们扮演着惊悚的一幕，如果有一天遇到"耷鸡嫲"，一定不让它吃掉自己……

这许多年过去了，"耷鸡嫲"的故事是我们童年听过最恐怖的故事，最后姐姐自己救了自己，吃小孩的"耷鸡嫲"被耕田佬打死了。

人碰到"耷鸡嫲"就得自己救自己，黑漆漆的夜，什么点亮了我？

……

炳娣不仅仅说"耷鸡嫲"的故事，还唱歌。是客家歌可又不是一般的客家山歌，不是那种田头山岭即兴的对歌。它好像一部小说，有人物有故事有情节，唱足个把小时或半天，甚至今天唱不完明天接着唱。

没上过学的她不识字，20世纪50年代初在村里的扫盲班学会的字不够用，连信都不会看不会写，自己的名字也写得拳头一样大，活像小鸡歪扭歪扭走出的脚丫印。

她的文字记忆几近空白，如何记歌词？她偏偏记得一清二楚。

唱歌的印象太深刻了，这歌好似她的吃饭睡觉，她一天不唱我们一天不听就少了点什么似的。打纸牌打累了，夜也渐渐深沉，每天夜晚几乎都歪在她的身边，你听她会唱你不听她也会唱。

她从来不用真嗓子唱，从咽喉挤出小小声音，假嗓音尖细清浅低微，令人着迷但严格地说不是歌，反反复复几乎都是一个调，甚至不知道唱的是什么，我也没有特别去记，这些哼哼、说说唱唱就像落下的水滴不留痕迹……

天天都听到祖母哄睡的长篇说唱，水滴石穿，这一个过程我是没有感觉的。

孟姜女哭长城，一个寻找丈夫的女子把城墙哭塌了，我们那个年代的人还有谁不知道这个细节?

我不禁好奇，炳娣不会自己凭空说唱，这些没有文字的口口相传，这些说唱如何流传至今?

写到这里，我记住了故事却忘记了远去的曲调，一年又一年曾经落在我心上，这种穿透石头的声音，到底是什么音韵?

2019年5月，我写着想着指尖就试着点击网上的搜索，一点也不抱希望，却真查到客家说唱“孟姜女哭长城”的视频，客家梅县说唱人“大声古”只有一把琴，弹说唱都是十分单调的曲儿，这梅县曲调缓缓慢慢落下，

孟姜女的故事流传至今
（选自连环画《孟姜女》）

没有波澜没有起伏，正是炳娣的调……

是的，我们祖上就是从梅县、兴宁一带过来的。

单调的说唱却是连串的揪心，故事一波未平一波又起，尤其在孟姜女和万杞良拜婚堂时，官兵闯入捉拿万杞良，孟父孟母拦阻……孟姜女被挥舞大刀的官兵吓昏了，醒来时只见血泊里的父母已经身亡，而杞良也不见踪影，百般打听才知道杞良被官兵捉拿，祭修长城。

伤心欲绝的孟姜女万里迢迢寻夫送寒衣，没有银子就弹唱讨钱，一路上唱自己父母双亡，万里寻夫送衣裳，从一月唱到十二月，逢人便问万杞良，终于到达长城脚下却得知杞良已死并被填入城墙下，孟姜女哭得天昏地暗，死也要死在夫身旁，城墙突然崩了一个角，露出了杞良尸首，孟姜女呼喊夫君并头撞城墙，地动山摇长城坍塌……

秦始皇闻声大怒派兵捉拿孟姜女，可一见年轻秀丽的孟姜女就想纳为己有，孟姜女提出3个条件，秦皇一一照办：第一，厚葬万杞良，连装殓都用上半金半银的棺材；第二，秦皇和大小官员双膝跪拜披麻戴孝百日；第三是成亲前，与秦始皇游海为杞良举行葬礼。

祭祀那天，她奔跑呼喊：杞良，你的贤妻来了……孟姜女纵身一跳。

几近纹丝不动的单调曲儿，道出如此跌宕的情节，悲烈决断的极处也不见哀嚎，可见其坚韧。

听着听着，心被一根暖暖的针扎了又扎，就是它，就是炳娣没有波澜的单一调子，冷却了的记忆在这根暖针的刺激下，颤动、复苏、脱壳而出，凌空如一只翡翠色的蜻蜓落在幼时那片记忆的池塘中……

如何判定音乐之美妙动人？

听着听着会泪流满脸，内心有如一张鼓起焰火的帆。

我听着听着闭上了眼睛，任由那单调的说唱缓缓而来，很愿意泪在眼眶中翻腾，然后一点一滴滚落脸颊。

这千古流传的中国故事，有京剧、豫剧、川剧、黄梅戏和花鼓戏，有电影有各区域各版本的故事，客家人的说唱却是独特的版本，故事情节和当今“孟姜女”的民间文学版本颇有不同，少了葫芦瓜藤蔓连接孟姜两家，结出的葫芦瓜生下的孩子，因此取孟与姜姓人家的神幻色彩。客家说唱版本似乎留藏了中原的蛛丝马迹，孟姜女的丈夫不叫范喜良而叫万杞良，这“杞”是否寄托了客家人来自中原的乡愁？河南省东部有个历史悠久的杞县，东临六朝古都商丘市，南临周口太康，隶属八朝古都开封市。

客家说唱版本还原更残酷的现实，万父本为朝廷清官，被奸人祸害追捕杀戮，年轻的杞良情急中躲入孟家花园……这样的情节似曾相识，客家人的族谱里大都有忠良之后的记载，而被害逃离中原辗转南下的例子也比比皆是。

这是2019年5月的一天，客家人的说唱“孟姜女”被我找到了，不是找回来了，炳娣的歌和带着歌的味道离开过我吗？那种没有词语可以描述的感觉，一直埋在心里，或只是睡了长长的一觉，醒来的时候，就像昨天还躺在她的身边，小小的惊喜让我变得有点贪婪，祖母的说唱不仅仅只有孟姜女……

1968 年 “婳女红”和“孟日红”

1968年，经历了许多后的一年，我们兄弟姐妹都长大了。

或许炳娣经历过太多艰难，所以后来的，在别人嘴里是天塌的事，她眼里轻若一片鹅毛。比如三年困难时期，她竟然在屋子后的瓦砾上开出几畦地，种番薯种菜，她每天出去买菜也捡回来一大堆剩菜残叶，还去郊外的小河沟捞水浮莲，为什么？她喂养了一头小猪。

最困难时期，记得有时候吃饭没有菜，猪油捞饭是最美味的，还在学校养殖过小球藻，不过最深的记忆是一只大公鸡。

后来不知道为什么，炳娣不养猪改养了一群鸡，她领着我们在屋子边搭建过一个起码有6平方米的鸡栏，孩子们轮流喂鸡，弟弟们喂食都平安无事，我一喂它们，这公鸡就连蹦带跳追我啄我，有一次还飞起，抓着我的肩膀啄我的头，我吓得扔了盘子就跑，这是“耷鸡嬷”的感觉。我说不喂鸡，

1975年，又过年了，长大的我们和老去的炳娣，又在照相馆拍下了一张全家福（张氏家族 收藏）

炳娣和父母都好像听不见似的，恐惧归恐惧，不论我多害怕都得喂鸡，不管多战战兢兢都得拿着喂食的盘子，我逐渐练就比眨眼更快捷的放盘速度，公鸡进攻前我已经冲出鸡栏门外。

总之，那些年炳娣在叔叔们的家和我们家之间来往，有点像一辆老老的“火烛车”（消防救火车），哪一家有事她就出现在哪一家……

1968年冬天，我和弟弟上山下乡，炳娣已经七十多岁了，什么话也不说就赶到我们下乡的陌生村子，住了近一个月。

自从开始写此书，记忆的潮水涨了退，退了涨，细细地品味岁月，好比在无垠的大海里撒网和打捞，突然发现我们的乡愁是记忆里的一条浅河，是每年祭祖都走的一条窄路，还是那朦胧的马峦山脉打鼓岭？

其实，所有的乡愁都离不开一个炳娣，我的祖母，我女儿的太外祖母。

必须记住2019年5月9日星期四的这一天。

这一天，我被寻得孟姜女的欣喜诱惑，继续寻找童年记忆里的客家说唱。炳娣的说唱里，我如此清晰地记得有一个“緬女红”，以及一个令我惊杵的细节：“割肉供家娘”（割肉饲喂婆婆），准确地说我记住“緬女红”全因为这一个细节。

“緬女红”里的緬女红是个贤惠的妻子，她的丈夫高彦真上京赶考，离家多日未归，家里米粮钱财日渐短缺。緬女红非常焦虑，家娘（丈夫母亲）思念儿子也病倒卧床多日，她只有拿着小篮子去摘野菜，熬米粥饲喂家娘。家娘却推开碗摇头说没有胃口，緬女红问想吃点什么，家娘想想也没有说话。

緬女红在屋外头的树下想着流泪了，叔公路过看到了，说买点肉煲汤给你家娘喝吧。她抹去泪剥下手里唯一值钱的手镯，换了钱买了肉给家娘熬了一碗肉汤。家娘闻到肉香味，慢慢喝下了肉汤，还笑着说，很久没有喝过这么好的肉汤了，还想喝。

哪有买肉的钱？媳妇流泪了。

几天后，媳妇又熬了肉汤给家娘喝，家娘的精神好多了。不几天还想喝，媳妇摇头不语，家娘很不高兴斥责媳妇不孝，她不知道最后这次肉汤是媳妇割手臂上的肉熬成的……

说实话，割肉这个细节是否把童年的我吓住了？好像牢牢打进脑子里的一枚钉子，比孟姜女那枚更牢更深。炳娣的那些说唱里，唯一这个故事，我一个个问过亲友，听过老人们的说唱吗？听过“割肉供（饲喂）家娘”的故事吗？

奇怪得很，我的兄弟姐妹们还有堂兄弟姐们，也没有记住“割肉供（饲喂）家娘”的说唱。

我绝对听过炳娣说唱“婳女红”，我要找到它。

也许像孟姜女那般能在网上找到？我上网搜索，没有。我开始不停变换搜索的字眼，没有还是没有……因为坚信，还是搜索，可一路浏览都不见踪迹，一次又一次，直到失去希望了，也似乎只有放下了。

明明要放下却还执着于鼠标，点来点去依旧柳暗花不明，一无所获的沮丧叠在屏幕上，可就是不肯停下点击的那个手指头，当跳出搜索的其中一字眼“高彦真”时，眼睛都成了一辆跑车，一目十行地驰骋了。

那篇《传统〈元宵歌〉本的复现、消失与走向——客家白鹭社会唱元宵的仪式形态初探》，这是研究赣闽粤客家族群文化《元宵歌》的田野调查成果，发表在2017年的《人文》杂志上，研究人员在赣南地区白鹭古村以及周边村落发现这些地区流传一种“唱元宵”的文化传统，多处庙宇祠堂发现客家说唱手抄本……

在龙溪村的庙宇里发现《元宵歌》的歌本，其中有《葵花记》高彦真和孟日红的内容。

高彦真后头跟着一个“孟日红”，这几个字跳进眼里的时候，我有点疑惑，试探着用客家的乡音轻轻地读出：孟日红。

这一刹那，我知道就是它了，“孟日红”和“婳女红”几乎是一样的客

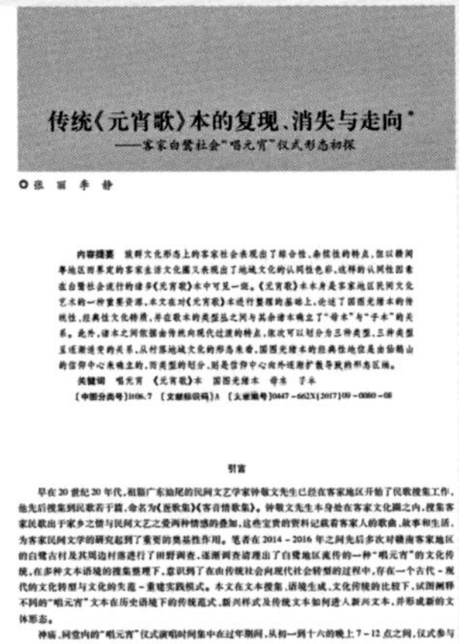

传统《元宵歌》本的复现、消失与走向*

——客家白鹭社会"唱元宵"仪式形态初探

○张 丽 李 静

内容提要 族群文化形态上的客家社会表现出了综合性、杂揉性的特点，但以赣闽粤地区所界定的客家生活文化圈又表现出了地域文化的认同性色彩，这样的认同性因素在白鹭社会流行的诸多《元宵歌》本中可见一斑。《元宵歌》本本身是客家地区民间文化艺术的一种重要资源，本文在对《元宵歌》本进行整理的基础上，论述了国图光绪本的传统性、经典性文化特质，并在歌本的类型丛之间与其余诸本确立了"母本"与"子本"的关系。此外，诸本之间依据由传统向现代过渡的特点，依次可以划分为三种类型，三种类型呈递渐递变的关系，从村落地域文化的形态来看，国图光绪本的经典性地位是由仙鹤山的信仰中心来确立的，而类型的划分，则是信仰中心向外逐渐扩散导致的形态区隔。

关键词 唱元宵 《元宵歌》本 国图光绪本 母本 子本

〔中图分类号〕I106.7 〔文献标识码〕A 〔文章编号〕0447－662X(2017)09－0080－08

引言

早在20世纪20年代，祖籍广东陆尾的民间文艺学家钟敬文先生已经在客家地区开始了民歌搜集工作，他先后搜集到民歌若干篇，命名为《疍歌集》《客音情歌集》。钟敬文先生本身处在客家文化圈之内，搜集客家民歌出于家乡之情与民间文艺之爱两种情感的叠加，这些宝贵的资料记载着客家人的歌曲、故事和生活，为客家民间文学的研究起到了重要的奠基性作用。笔者在2014－2016年之间先后多次对赣南客家地区的白鹭古村及其周边村落进行了田野调查，逐渐调查清理出了白鹭地区流传的一种"唱元宵"的文化传统，在多种文本语境的搜集整理下，意识到了在由传统社会向现代社会转型的过程中，存在一个古代－现代的文化转型与文化的失范－重建实践模式。本文在文本搜集、语境生成、文化传统的比较下，试图阐释不同的"唱元宵"文本在历史语境下的传统范式、新兴样式及传统文本如何进入新兴文本，并形成新的文体形态。

神庙、祠堂内的"唱元宵"仪式演唱时间集中在过年期间，从初一到十六的晚上7－12点之间，仪式参与

早在20世纪20年代，民间文艺学家钟敬文先生就在客家地区开始了民歌的收集（选自《传统〈元宵歌〉本的复现、消失与走向》）

家读音，正是炳娣说唱里的女主角，不会错。我一定惊讶得好像看到头顶上的太阳突然变成了绿色，不过我还能按捺着让自己不失态。

--搜索"孟日红"，种种的"孟日红"就弹跳着在屏幕上列队而出，尽管高彦真的"真"有"桢"也有"珍"之别，故事情节或有删增，剧名也各地有异，不变的是那个"割股"细节，原来炳娣的说唱并非空穴来风，处处为证——

《葵花记》《孟日红割股》淮剧又叫江淮戏，是一种源于江苏盐城一带，流行于江苏、上海、安徽一带的剧种。高彦桢离家赴考得中头名，复娶宰相孙国泰之女尚香。秦氏思儿染病，欲食猪羊。因家贫如洗，孟日红割股以奉婆母。秦氏得知，感激身亡。孟氏葬毕婆母，上京寻夫。途遇鸡寇劫持上山，得鸡寇妻尤氏相救，方得赴京认夫。孙尚香害死孟氏，抛尸花园枯井，培土栽以葵花。彦桢哭妻昏厥。雷公打死孙氏，救孟还阳。高孟破镜重圆。

《葵花镜》秦腔剧目，高彦珍进京赶考，其妻孟日红刮肉奉母，母嫌肉少斥之，日红实告，母惊而死。孟日红进京寻夫，被梁冀鸩毒而死，于阴间遍游，方知善恶终有得报，阎王见其有刮肉奉母之孝赠其葵花宝镜复生，并从军平寇获胜，封平寇夫人，惩梁雪冤，夫妻团圆。

《孟日红之割肉孝母》海南儋州山歌剧。

《孟日红割股》湖南汨罗花鼓戏。

《孟氏割股》湖南岳阳花鼓戏。

《葵花记》江西赣南于都采茶戏。

《葵花记》海陆丰戏四大苦戏。

《葵花记》浙江新昌地区保存并流传下来的唯一一部四平腔戏曲。

最让人惊讶的是《〈葵花记〉蒙古文译本〈娜仁格日勒的故事〉研究》，这是陕西师范大学学报（哲学社会科学版）2010年03期陈岗龙的文章。摘要指出：“将古代蒙古文小说《娜仁格日勒的故事》与明代戏曲《葵花记》进行逐字逐句的跨语言比较，证明《娜仁格日勒的故事》就是明代戏曲《葵花记》完整的蒙古文译本。蒙古人主要翻译了《葵花记》的对白部分，省略了词曲部分，并在结尾部分增加了佛教本生故事内容，从而把戏曲《葵花记》转换成了小说。”

……

种种又种种，从秦腔到淮剧，从海南到蒙古，“割肉供（饲喂）家娘”这枚独特的“钉子”不变，还有孟日红之名始终如一。

这孟日红和孟姜女一样，不知道口口相传了多少岁月，炳娣也有像我那样蜷缩在漆黑一片连星星都不见的夜？她的阿娘也在唱孟姜女、孟日红，她听着听着就睡了，听着听着也就长大了。

我没有见过炳娣的阿娘，我的太祖母，知道她是我的血脉至亲却不知她名，大家似乎都没有发现这点，也许是熟视无睹。直到阿鲁巴的亲人，也就是她的孙子们拟写一本家谱，发来了图文，她的名字“lou see”，这个英文读音是粤语，是客家话，还是普通话？翻译来翻译去，罗丝？罗思？抑或罗希……在黑夜里冥想，直觉告知那个年代的客家女人绝不会起这样的名字，这个“see”到底是什么？思绪如天马行空，想每年中秋前后客家人都去墓园扫墓，一路看去所有墓碑上逝去的女人都冠于父姓某氏，祖上再祖上的客家女人留下的也就一个姓，不留名字的传统，不管哪个朝代，不管民国抑或新中国，行走在一列列的墓碑之间，想着族谱上密密麻麻的人名，一个弱小的声音低吟：女子从来都是留姓不留名，瞬间明了，她姓罗，只能叫罗氏。

罗氏好像吃饭睡觉那样唱，唱给女儿炳娣听，炳娣继续唱给我听，唱下了什么？似乎什么都没有可又清晰得很，此时似乎自己依旧半睁半闭了眼睛听她唱，是下雨落在脸上细细碎碎的小蚂蚁偶尔一叮的感觉，眼睛还会不知不觉地流出泪水，这就是带着她印记和味道的一切，潜伏在我身体里的，有一个等待着机会飞出来的精灵……

想到了犹太人教育孩子的故事，他们的教育从婴儿起，教育是犹太家庭犹太妇女的天职，妈妈必须向孩子们说两本书，一本是希伯来文的《圣经》，就是旧约，即犹太人的历史。另一本是《塔木德》（250万字），这是两千年来世代拉比阐释希伯来文《圣经》的思想集合，还记录大量的民间智慧和故事。

想想，这些妈妈们从孩子一岁开始讲《圣经》里的故事，讲到五岁，基本就把书里的故事讲完了，这不算完，以后孩子正式跟着拉比学习，来来回回和孩子们讨论，带着疑问和提出批评，读的还是这些经典。

犹太人的历史就这样从小嵌入孩子的生命，于是犹太人不管身处何方，从不会忘记自己的民族和国民身份，不少学者说犹太人顽强且富于创新精神正是教育的结果。

犹太人不认识邱炳娣，邱炳娣也不认识犹太人，可他们的教育方式那么相似，客家人和犹太人还有一点极其相似，都历经了很多磨难。

我无数次听长辈说，无数次从那些祠堂的对联里印证，我们的祖上在战乱期间被迫出走河南，途经安徽、江西、福建再入广东梅县兴宁。他们从来没有停止过“走”，前面充满了不确定，没有保险的路，他们一直前行。

我们听长辈说过，张家的坪山老太祖来自福建，妇人一条担子两个孩子，没有车船只有两条腿，没有鞋袜可穿的就赤脚，逢山过山逢水涉水。妇孺们跟随着逃难的人群一起过广东来了，一开始我们落脚在今日深圳东部沿海的大小梅沙一带。早年父亲和族亲还去拜祭先人，只是面对一大片墓地却不知何坟是祖先。

有意思的是，无从寻觅自己祖上的他们，终究跪下了，拜了又拜，不管是不是自己的祖上，只有一点是确认的，一片客家人的墓地……

犹太人和客家人没有关系，只是都有过惊人相似的被迫离开故土的历史。

犹太人的经历写在了《圣经》里，客家人的中原底蕴就在他们的说唱里。

那些客家说唱一代代传了下来，从我懵懂的幼年开始，炳娣就开始了她的说唱，她不明白也不要去明白，从来不去想为什么，没有人逼她，不论听的还是唱的，都如呼吸一样自然而然，还不明不白地传承了这一切。

如此一想就明白了，那些中原的情结和文化，那些带了味道的歌或者是带着歌的味道，无声无息深藏在骨髓里，这都是我熟识的，明明白白在记忆里的，却不似文字或者声音可以重看重听，恰恰是无法重听重看的那些味道，嵌入我身体的某个部分，抹不去的总在一些特定的时刻，一点预兆也没有就激灵出来，提醒我身体里藏着它们，这样的感觉奇怪得很，这就是血脉？

这些年的深圳，城里的夜晚消失了，即使是最暗沉的黎明，最憋闷的雷雨天，远远近近都亮如白昼，这样的夜晚不适合静思。

而炳娣的夜晚非常深邃，没有一丝光的漆黑里，炳娣在我这样年幼的时候，也这样听长辈说唱？日久天长记住了歌词，口口相传就这样来的。

炳娣不知道，这天我从网络上搜出孟日红之后，内心的那张帆撑得有点紧，不告诉女儿那“割肉供（饲喂）家娘”的故事就会撑破似的。于是和她视频，我说着说着就不淡定了，语气怕带了不少感叹，那些割肉孝母的说唱，女儿啊，炳娣不是瞎编的……我还以为自己找不到的结果，其实不仅客家有，从中原至海南都有。

我没有加油添醋地说了一番。

女儿廖铮毫不掩饰她的质疑：一碗人肉汤，不经过家婆同意就给她吃？一碗人肉汤，真的能喝得下吗？你很感动吗？

我无言，脑子被敲了一棍，无法论对错，不同的角度不同的背景。

她不会知道，我曾经有过依偎在炳娣身边的漆黑之夜，女儿没有那样的夜晚。我有点想和她说我的童年，那一钵菜里漂浮了几片肥猪肉片就恨不得立即进嘴的日子，可我始终没有说。

今天，不存在喝人肉汤了。

昨天和今天之间除了空气并没有隔着什么，同一条隧道，昨天在隧道的出口，今天在隧道的入口，两端的景象完全不一样。

孟日红"割肉供（饲喂）家娘"，我看到割肉所承受的是常人所不能承受的痛苦，这个"孝"的层面包含着坚忍和克己的精神。女儿看到的是"肉"，不是别的肉是人肉，是不可以拿来食用的同类的肉，如何不恶心……

不知道为什么，我和女儿讨论起境遇。我们都看过一部飞机失事的影片，冰山雪地里，没有任何食物，活下来的都吃过他们唯一可以吃的——死去同类的人肉。

如果我们同时处于这样的境遇，我们可否有别的选择？

我恢复了淡定，女儿也沉默了。

其实我也没有经历过炳娣那种境遇，没有真正理解1893年出生的她。

孟日红"割肉供（饲喂）家娘"不是唯一选择，在她的年代，割股孝母是一种美德，那个时代崇尚的"孝"是孟日红唯一的精神支柱。

中国古代二十四孝里的故事就是最好的注解。隋朝孝义人郑兴，祖居汾州永安县永安堡（今大孝堡乡大孝堡村）。父亡后，郑兴数日水米不进，为父守墓三年。母亲又久病不愈，他常服侍于床前，衣不解带，足不失履，和衣而卧。母亲气血虚弱，五脏紊乱，需食新鲜鹿肉调理，以补瘦弱，益气力，强五脏。但当地无鹿肉，郑兴以自己的肉代替鹿肉，便割自己的股肉为

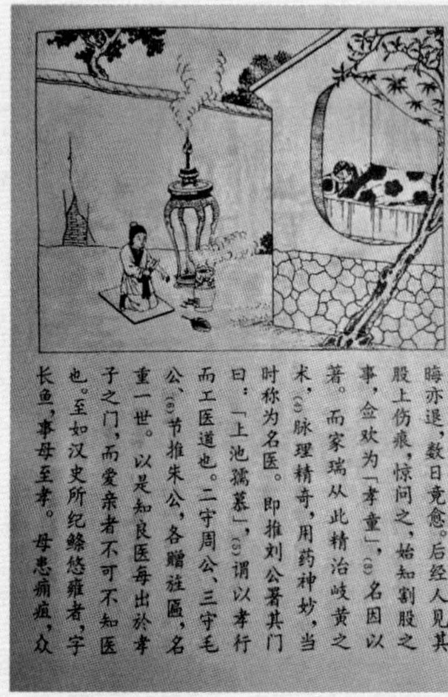

黄家瑞割股医母（选自《百孝图说》）

母亲煮食……

他为人忠厚，孝敬父母，这是中国的“孝”传统，这样的传统经历了多少个年代？

无数的从古到今，从罗氏到炳娣，再从炳娣到我，又从我到女儿，生生不息地流动，它，即使枯了干了渗入泥土之中，依旧是地下的潜流，就像我已经找不到的浅浅的“汤坑河”，从来不曾逝去。

细思，用今天的眼光打量昨日的“割肉”，确是难以置信的鄙陋，重要的是，我们知道我们是这样过来的，领悟就在这些不可思议之中，不知道明天的人们如何审视今天……

无缘无故想起了鲁迅，邱炳娣和鲁迅是同时代的人。

1881年9月出生的周樟寿（后改名周树人），“鲁迅”是他1918年发表《狂人日记》时所用的笔名。

邱炳娣出生于1893年（光绪十九年），这年鲁迅12岁，他的祖父周福清因为科举舞弊案被革职下狱，家道开始衰落，鲁迅兄弟先被安插到离城有三十多里的皇甫庄大舅父的家中避难，随后迁入家乡一带的乡村。直到1898年，17岁的他才离开家乡的三味书屋，进入金陵的新式学堂江南水师学堂，改名为周树人。

鲁迅的前期作品，以清末民初的底层百姓生活为主，着重刻画表现底层人的麻木愚昧和生活的艰辛，他说“我的取材，多采自病态社会的不幸的人们中，意思是在揭出病苦，引起疗救的注意”。

廖氏族谱（张黎明 拍摄）

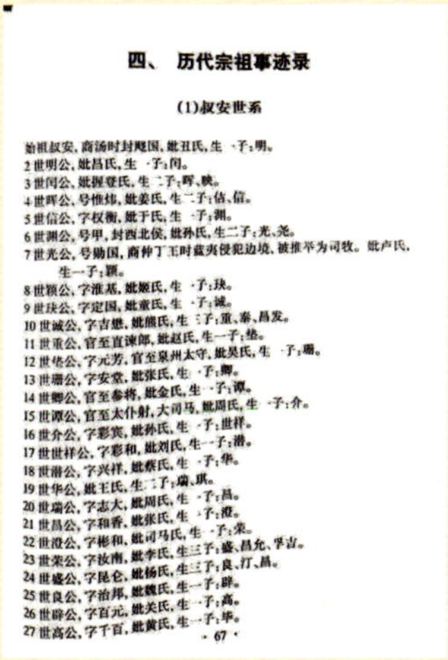

四、历代宗祖事迹录

(1)叔安世系

始祖叔安，商汤时封飂国，妣丑氏，生一子：明。
2世明公，妣昌氏，生一子：闰。
3世闰公，妣握登氏，生二子：晖、映。
4世晖公，号惟炜，妣姜氏，生二子：佶、信。
5世信公，字权衡，妣于氏，生一子：渊。
6世渊公，号甲，封西北侯，妣孙氏，生二子：光、尧。
7世光公，号勋国，商仲丁王时蓝夷侵犯边境，被推举为司牧。妣卢氏，生一子：颖。
8世颖公，字淮基，妣姬氏，生一子：玦。
9世玦公，字定国，妣童氏，生一子：诚。
10世诚公，字吉懋，妣熊氏，生三子：重、泰、昌发。
11世重公，官至直谏郎，妣赵氏，生一子：垡。
12世垡公，字元芳，官至泉州太守，妣吴氏，生一子：珊。
13世珊公，字安堂，妣张氏，生一子：卿。
14世卿公，官至参将，妣金氏，生一子：谭。
15世谭公，官至太仆射，大司马，妣周氏，生一子：介。
16世介公，字彩宾，妣孙氏，生一子：世祥。
17世世祥公，字彩和，妣刘氏，生一子：潜。
18世潜公，字兴祥，妣蔡氏，生一子：华。
19世华公，妣王氏，生二子：瑞、琪。
20世瑞公，字志大，妣周氏，生一子：昌。
21世昌公，字和香，妣张氏，生一子：澄。
22世澄公，字彬和，妣司马氏，生一子：棠。
23世棠公，字汝南，妣李氏，生三子：盛、昌允、孚吉。
24世盛公，字昆仑，妣杨氏，生三子：良、汀、昌。
25世良公，字治邦，妣魏氏，生一子：辟。
26世辟公，字百元，妣关氏，生一子：高。
27世高公，字千百，妣黄氏，生一子：华。

·67·

可以看到一个女人的名字吗？（选自廖氏族谱）

他犀利地揭示过中国人的愚昧，批判“人血馒头”可以治愈肺结核的荒谬，鞭挞“所谓中国的文明者，其实不过是安排给阔人享用的人肉的筵宴。所谓中国者，其实不过是安排这人肉的筵宴的厨房”。

病态社会中，邱炳娣能否幸免?

阿Q、祥林嫂、孔乙己、闰土等在中国妇孺皆知的人物，都能在炳娣身上看到一鳞半爪。

客家女人唯一没有被桎梏的就是她们的“天足天胸”，祖母、舅婆、姨婆、姑婆们都有一对大脚和毫无局促的乳房，在那个时代恰恰是最为丑陋的，尤其众人可视的大脚，甚至在学术界也有过激烈的争论，被视为赤裸裸的“劳动工具”，她们有姓无名。

事实上，看鲁迅的作品完全可以解读炳娣，从来没有离开过乡村的邱炳娣。

我不知道我身上留有多少炳娣身上的温暖劣迹。

我也想起朱安，鲁迅的原配妻子，一个犀利批判旧习的勇士，她一直跟着鲁迅，跟着一个犀利批判旧习的勇士。看过朱安的照片，很难相信这样一个孱弱的女人如何执拗和坚持，令这个笔墨如匕首的男人一直下不了狠心，赶走这样一个时代的“糟粕”。

照耀了多少年的太阳都没有变成绿色，这就是生活。

1977年　炳娣回归坪山

1977年的炳娣不年轻了。

其实自1972年开始，上山下乡的知识青年陆续回城或上学，我们回到炳娣身边。看到我们这些磨炼过的孙辈，一个个都长大了，洗衣做饭烧菜的家务事分工负责，她闲下来了。闲下来的她也不闲，平日她到处“拿人客”（串门）去“撩”（游玩）。抗日战争时跟着曾生参加东纵的坪山子弟多，进城后都把老人接出来照顾孩子，不论沾亲带故还是同姓同乡三分亲，这些七八十岁的坪山客家婆“埋堆”（聚在一起）就好比一个墟，一起打纸牌一起大声说大声笑。

20世纪70年代是我们长大她老去的年代，她往日总希望我们快快长大，这时候我们真长成了“大人”。她头发白了，背也有点驼了，只有笑声依旧没有走样，而且像个玩心不变的老孩子，每到学校放假或单位补休就和我们预约去“撩”（游玩）。我们轮流“带”炳娣出游，从广州坐船，去德庆、去梧州、去封开，在玉芳姑家住几天，又到戊英姑家住几天，然后坐船回广州……

她还成了我们设计室美工们很受欢迎的模特。美工们几乎都是年轻人，连下班和假日都拼命练习基本功，临摹或画素描还热衷参加各类创作比赛和美术展。我们特别需要模特，尤其骨骼分明的老人。可我们说半天也无法让炳娣明白什么叫素描，于是摆好椅子让她坐，并说不要动，她听明白了突然想起什么，换了件干干净净的衣服，拿出木头梳子顺了顺并不凌乱的头发。她老老实实坐了差不多两小时，乐滋滋任由年轻人摆布。其中陈桂康的素描

炳娣在八十岁这年成了一群年轻人的绘画模特（选自陈桂康素描）

作品参加了地区画展，炳娣第一次成为美术展览上的人物，作者在她的胸前添上一个“代表”的标签，还注明老贫协代表。

可最最难忘的还是20世纪70年代的“地震”，1976年7月28日的唐山7.8级大地震，这是中国历史上非常令人震撼和惨烈的灾难。结果，许多地方的虚假“地震”好像流感一样传染开来，远在南方的广东也闹起“地震”，地震知识压缩成“一听到警报就跑到空地”这句话。

这天夜里突然听到了警报，我一下跳起要背着炳娣跑，她大概怕连累我连连摆手，我下乡四年练出肩挑156斤的力气，轻轻一下就把不老实不情愿的她挪到背上，三五步出了大门，可她劲头太足，像条挣扎的鱼“啪”的一个翻腾，我们一起倒下。我爬起来气急了，冲她大“吼”了一声，她才乖乖让我重新架在背上，赶到许多人聚集的灯光球场……这一场虚惊后，她眯眯笑着对我说“涯阿黎明好大力”（我们黎明力气好大）。

她在我们的眼皮子底下不知不觉地老了。时间好像一趟一趟不停往前赶的列车，太年轻的时候不曾感觉它的存在，直到这天，应该是1977年初，她躺下了，不吃不喝昏睡不醒。这趟时间列车突然狠狠地闯到面前，我们惊慌失措，它会带走炳娣？

我和小弟弟借了担架抬着炳娣去最近的普君

医院，担架床只能放在诊室的门外。我们急得如热锅上的蚂蚁，医生走出来瞄了几眼问了问病情，初步判断中风。

我们希望住院治疗，他一问八十多岁就说没抢救价值，没有必要留医。

一脸冰霜和比冰渣子还冷凌的话，骤然把我们砸进了冰窟窿，我们竟然说不出一句话，泪水突突地往外涌。我和弟弟抬起担架床回家。一切不变，还是昏昏呼呼的炳娣，只是多出医生开的一包白色药丸。

视线一片模糊，不知道如何回的家……

她一天就靠喝几口粥水和医生那几颗安慰性的白药丸子，几天后依旧迷迷糊糊，所有来看她的人都像医生那样，非常肯定地说准备后事吧。

她真的要走了？

药丸吃完了，似乎已经进入死亡的倒时计，寿衣等等都准备好了。

大家都在等待那一刻。

我和她同住一小房，房子太小只放下两张平行的床，床和床之间仅隔二十厘米。这也很好，便于我时刻看护她。

她双眼紧闭，即使偶尔一睁也就一两秒又合上了，没有人知道是昏睡还是昏迷，几近十天，她都没有在所有人的等待中撒手，留着一口气。

她就不肯咽下这一口气。撑着撑着，这天她用唯一能动的脚趾头掐醒睡她对面的我，颤动着说什么，我凑近她，听到了“屙尿”二字，我扶起她坐在便盆上。没想到从这一次开始，她几乎每五六分钟掐我一次，还是这两个字，其实无尿，却一次又一次让我扶起她。

我后来才恍然，也许她的康复运动就这样开始了。

我和弟弟们轮流睡在她的对面，看护她。不知道多少天后，她要“冲凉”了，我把她抱到厨间的竹椅上，温暖的水浇在她的身上，摩擦她枯瘦的肢体，问她是不是好舒服，她点头。

她很享受一次又一次的“冲凉”。这天，她自己抓起了毛巾，沾了水擦拭着脸，一点一点，从脸庞到鼻梁到眼角和额门，左边眼角至右边眼角，还尝试指尖抵着毛巾边角像往日一样抠抹耳穴和鼻翼……她从来都是洁净之人。

她真的活过来了。

我没有见过她的1943年，可见过她的1977年，可想而知1943年的她有多硬气，1943年死不了，1977年也撑过来了，这年她84岁。

想起她最爱说的“天跌落来当棉被盖”。

她活过来了，先是有点半身不遂，渐渐能够在我们的搀扶下走动。

她一次又一次说要“转坪山”，我问过她，是不是不想被城里的“大烟囱”烧了，不想火葬？要埋在家乡？她点头。

回乡的愿望被多强的生命力撑着？而隐藏在生命深处的却是一个古陋的习俗。

大概是1979年年初，父亲顺着炳娣的意思，送她返回汤坑祖屋，也就是住在乡下的叔叔家，来看她的人很多，她能够辨认出的人却越来越少了。

1980年我回乡，她在庭院里晒太阳，虾米干那样蜷缩在一张于她显得太大的竹靠椅上，认不出我这个往日老和她“驳嘴”（对着干）的孙女了。

片刻间涌出许多往日的碎片，我清楚炳娣不再是和我们玩闹的她了，也不是我们写作业时定定坐在一旁，不言不语摇着一把大葵扇，非把炎热和蚊子摇干净的她了。

炳娣还是生养七个子女（六男一女）的那个倔强女人吗？

这一刻实在哀伤，泪水自个打着转儿，很想钻出来。哀伤并非因为她会死去，而是因为她活着，这个活着的躯体还是她吗？我摸了摸她那个连白发都所剩不多的脑袋，仪式那般剥了一根牙蕉（大蕉）给她吃，那是她的最爱，她乐不乐意？吃或没吃？我忘记了。

是的，她不会像城里人一样被送到那个叫“大烟囱”的地方火化，从这一个角度看，她的希望落成了。

法国作家萨特下葬的那天有六万人送行，他的至爱说这是萨特的愿望。

炳娣娘家黄竹坑，舅公邱荫生寄钱回家修建的祖屋，彩绘依然，遥望四野的阳台也在，门闭着，人去楼空，剩下的都是思念（张黎明 拍摄）

在这个层面上，炳娣和萨特都达成了心愿。

炳娣拖着这一副连她自己都不认识了的身躯，终于在等待中获得了想要的结果，也在等待中不再知道自己有过怎样的执着了。

1981年，88岁的她才去了。

……

1987年，我终于走进炳娣的出生之地，位于深圳东北部的坪山盆地，山间谷地长有许多黄竹子而得名的小村子黄竹坑。那年，它属深圳市宝安县坪山镇汤坑村。

确实很偏僻，坪山镇至汤坑只有一条可行走汽车的泥土路。汤坑村委附近的岔路，土路简单极了，除两旁草丛不见别村，一直走到尽头就是它，想迷路都很难。

我在黄竹坑住了半年。

看不清楚彩绘上的文字，是否是炳娣的说唱内容？（廖铮拍摄）

村口有一垄垄种满蔬菜瓜儿的自留地，一条小水渠好像带子缠绕在地垄边。

这是舅公1935年过番后，从外洋寄钱回乡建造的，门楼和阳台一圈花鸟的彩绘……挨着小楼的平房才是1893年邱炳娣出生的老屋，老屋和巷子里邱家几房兄弟的联排屋看上去很结实，不过和有着250多年的历史，住过百户人家的大万客家围相比就是“蚊同牛比”了。

邱荫生舅公1935年行船过番后，从外洋寄钱回乡建造的小楼很有气派，门楼和阳台一圈花鸟的彩绘依旧耐看。村里有三五座俗称“炮楼”的，形状像笔筒，又很高，我溜了一圈似乎就这一座带阳台的小楼。

一条土路和这座绘画小楼都是绝对不会迷路的标志。

有了这座三层楼，炳娣出生的夯土瓦房就成了放农具、柴草和备用棺材的老屋，客家人大概都有一间这样的屋子。

1987年住在这小巷最高的楼房并没有很高的感觉，这不奇怪，一眼望去几百米外一户独院单姓的半坡人家，村东南边为海拔约435米的封神山，北边是猫仔窝山，小楼凹在这些矮山之中。

今天才知道，汤坑河从村子的东面流过。

岁月如刀，祖
屋满是历史之痕迹
（廖铮 拍摄）

一山又一山，翻过山就是盐田？作者1987年于黄竹坑（廖国栋 拍摄）

黄竹坑，古时候就是黄竹盛长的凹地，凹在一片翠绿的群山中。只能仰望或平视一片层叠起伏的青黛，偶尔掠过天空的鸟儿，杂乱中闪出的鸡鸭鹅，不知何处传来的牛儿猪儿叫，一群割柴草的妹仔歌儿不断……

黄竹坑出门见山，不高可林密，1987年的时候我还不知道那叫封神山。邻屋的同屋至亲洪喜伯说，门前的山，抗战时候有东纵游击队员藏在山里，还说山后有山，山山不尽，一直往南走，翻过马栏头（马峦村）绵延的山就是小梅沙、大梅沙，再往西就是盐田。

也就是炳娣和一些客家婆娘去挑盐挑咸鱼的墟市。

远吗?

邻屋邱煌舅公说很近。

这个“很近”有点诱惑，我们心血来潮拿着钓竿往山上走，后面跟了村里的孩儿国彬、斌仔等三四人，一路沿着山径嘻嘻哈哈往前走，大约半小时看到山崖边有个几百平方米大的水潭，水碧如镜，瀑布从悬崖上徐徐而下，一会儿手臂般细一会儿张开似扇，追逐了跳入山潭。

孩儿们说这里叫“马撒尿”，意思直白也确实如此，瀑布流水声细如马尿儿，一下子就被孩子们的喧哗淹没了。

清清汪汪的一潭水就这样把我们迷住了。

翻过这座山就到小梅沙?

不，还得走个几小时。

炳娣那阵讨生活，赤着一双大脚，翻山越岭挑着几十斤上百斤的米谷、番薯兑换盐或别的，走了一次又一次的她，再艰难也就没有艰难了。

我闲散地走着却畏难了，没翻过山去找小梅沙。

我在瀑布水潭边悠然而坐，先生蹲在潭边下钓，鱼儿咬钩的很少。看到男孩儿脱了个光溜溜，扑通下水“打攵蚌”（扑腾）去了，他也耐不住一头扎入，一会儿“蛙泳一会儿”仰着不动……

1893年的画面也是如此般乡野及平和？那正是中国历史大转折的年代，这片山峦也因此有了不平静的旷世之秋。

对了，这就是马峦山，黄竹坑只是山脉北面的小村子。

那些日子，我闲着没事就半躺在三楼阳台的吊床上，看着门楼壁上的彩绘发愣，或坐在门前大约半米高的石垒，两条腿在垒边晃荡，任由自己和远处的山影对望。

更多的时候在村里溜达，也不知道自己想找点什么，和邻近的同族宗亲聊一些事，他们带我去看邱家的祠堂。

有时候心血来潮还会骑着自行车去坪山投圩（赶圩市），大约20分钟。

更方便的是去汤坑，走小路翻过一个小坡，走大约10分钟就是炳娣的夫家，也是我父亲出生的“汤坑”。汤坑，就是有水的低洼地，祖先给自己家园起了个实在的名字。

汤坑的水想必是我童年与之相遇的浅河。

村边连成一排的三座夯土大屋就是张家几房族人的居所。

再往打鼓岭的方向走乃“碧岭”，碧岭早前叫“北岭”，在打鼓岭北边的山脚下……

20世纪80年代
中期兴起的“阴城”
（张黎明 拍摄）

记得张家结实的夯土墙大屋，也就是祖父和父亲出生的祖屋，门前是一片稻田，不远有一棵孤零零的独树……

每年的中秋节前后，父亲领着我们回汤坑祭祖扫墓。客家人祖先们葬在荒山上，每次宗族乡亲们相继翻山越岭，先给祖墓铲野草，然后摆供品倒酒烧香点烛，一轮跪拜祭奠才燃放鞭炮……

客家人葬俗多为“二次捡骨葬”，死者入土安葬三年、五年或是更久，就请风水先生选择阴宅地点和吉日，开棺罂、捡骨，用白酒洗净，然后按人体结构，脚在下、头在上、屈体装入陶罂（罐，俗称“金罂”）。盖内写上死者世系姓名，有条件的将“金罂”葬入新坟，无条件造坟的就将“金罂”存放山坎上。

20世纪80年代生活改善后，各家族渐渐筑有约一人高的“阴城”，“金罂”不再置于荒山坟头，存放于“阴城”。20世纪90年代中，“金罂”陆续迁往新建的坪山墓园。

客家人扫墓不在清明节？据说清明时节为春耕生产农时，客家人多是耕田人，春耕大忙难以脱身，故改在农历八月中秋前后扫墓祭祖，也图团圆吉祥，这一规矩延续至今。

每年中秋前后，在祠堂拜祭先祖的风俗持续至今（廖铮 拍摄）

黄竹坑的邱家祠堂就在祖屋后头的巷子中间（廖铮 拍摄）

张家先祖来自何方？根据《深圳古代简史》所载，各姓移民历次迁徙（其中部分逐步形成客家民系）如下：

第一次秦朝发兵岭南；第二次汉代发兵平定岭南；第三次六朝时期，尤其是初期的中原大乱，从永嘉之乱到八王之乱，几十年战乱中，北方流民大量进入两广；第四次为宋朝战乱南逃百姓以及南宋将领所率福建、广东沿海抗元军队等（数次移民渡长江后，大多止于粤北一线，而抗元败军余众南逃直接散落沿海地区）。

深圳地区的客家家族，经历历代战乱和清初迁海，现存者多为宋、元后迁入，大部分是清初迁海复界后迁入。

茂球公的祖辈是深圳大多数来自中原的客家家族中的一支，迁徙多因为战乱和灾荒，从中原千里迢迢拖儿带女，一路艰难曲折，餐风饮露。跋涉了多少峻岭激流？忍辱了多少乱世悲苦？辗转了多少山野村驿？初来汤坑，荒山野岭，屋瓦全无，披荆斩棘，不屈不挠，白手起家，艰苦创业，这就是先祖九飘公……

住在黄竹坑的半年里，每天晨风或晚风袅绕送来些许炊烟的味道，那年代的村子大都烧柴火，从1893年到现在，天翻地覆了，炊烟味道和门前山势还不变。还有一群和我们玩耍的孩童，挖起的活鱼饵蚯蚓和手拿的竹钓竿，及一泓清澈可见鱼儿浮动的山塘水。

1893年的乡野和1987年也许差别不大，可这近百年却是翻天覆地了。

风，若是真正的风，没有味道，没有重量，没有压迫，也不会时过境迁，它是你一天也离不开的朋友，却不会娇宠自傲，默默无言也不会打扰你，与风同行，让脚步慢下来，去想一些过去不留意的事情……

清末民初那阵，炳娣还不知道会有一个我这样的孙女，她除了帮自己阿娘烧水做饭，还要上山砍柴割草，大白天不可能有我这样的闲心，只有月亮露脸了，吹灭油灯那朵指甲大的火，一片漆黑里她才会像松了绳索的柴火那样摊开身子，听她阿娘的夜夜说唱。

1987年，可在黄竹坑邱家门外的小水沟钓鱼（张黎明 拍摄）

2019年，黄竹坑邱家门外30米，在建的快速干线高架桥替代了小水沟（张黎明 拍摄）

她一定比我聪明，我识字她不识字，我听了千百遍的说唱都不能完整记住一整篇，更不用说唱了。偏偏不识字的她清清楚楚，有条有理记得一部部长篇说唱。如果我的童年不曾被她唱得满满的，也许不会想着法子寻觅，找着找着真好像有什么宝藏或文物似的，找着找着，突然感到风动了，有了能让你笑还会让你悲哀的重量。

风落在炳娣出生的老屋子里就不再行走，纠结着去向。

我在纠结什么？似乎自己都不清楚，走在路上只知道走，只知道一切过去后，寻找就迫切了，这么走着走着停下了脚步，一片茫然中，也就在这时，我发现了久久藏着的我自己，深深隐着的这一个自己，和躲不开的乡愁纠缠在一起。

写此书的初衷是寻找以往的炳娣，找着找着却发现我找到了自己和那浅浅的河。

这一嘴的甜和香怎么会记忆了一辈子？**如此简单**的箩筐和红薯深藏在心。

第三章

舅婆是个什么样的人

2019年夏天，女儿动笔写第三章，问我舅婆是个什么样的人。

有那么一刹那，脑子很空白。若是炳娣，实实在在的一个人，有名有姓，脸面清晰，音容笑貌如泉水奔涌。关于舅婆却一片模糊，写这部书才想起该问问她叫什么名字，住在城里的亲友中，没有人知晓。

1954年的第一次见面，我跟着父母回坪山汤坑庆贺祖母炳娣六十一岁生日，从城里第一次回乡，弟弟两岁，我三岁。乡野的风大，似要抬起我们扔到河里。一个戴着凉帽的女人，从河对岸晃悠着一对箩筐向我们奔来，记忆里有宽大的黑粗布唐衫飘起，有赤脚急急踩出无数朵亮晶晶的水花，但记不住她的脸。

我们被抱入箩筐，她伸出巴掌，里面有温暖的红薯，我一口咬下去，咬了红薯也咬了她的指头，她呵呵笑着一手搂过我。晃荡晃荡蹚过河后，我们的手依旧抓着箩筐，她明白了我们的小心思，挑起筐又走，一路晃一路笑，我多么愿意永远地坐在箩筐里！

不知道何时，我才记住叫她舅婆。

汤坑的堂妹小洁也告诉我，舅婆很喜欢"搅仔"（客家话，指孩子），每一次去黄竹坑，舅婆都会做好吃的，堂妹喜欢舅婆。

可是，我的祖母炳娣却没有说过舅婆好，村里也有些人不喜欢舅婆，说她凶，说她爱骂人。

她们不喜欢她的理由，有琐屑的，也有骇人的。我有点惊讶有点不解。这个无儿无女的舅婆喜欢我，我自然不讨厌她。

后来返乡去黄竹坑，我的个子已经比舅婆高了。她老了，背有点驼，细小的皱纹像讨厌的蚊子脚贴在脸上。她牵着我去灶间揭开锅盖，捧出金黄的红薯，金黄的油顺着指尖流下。我急急忙忙地舔和啃，吃得很香，嘴巴哈出热气说"好吃"，她靠着门框笑。

我喜欢她。

事实上，我脑子里的存货最深刻的只是和她第一次见面的"箩筐"和那箩筐里的抒情晃荡，这一嘴口齿留香的痴迷，记忆了一辈子。

我也不明白自己为什么喜欢她。

1981年炳娣去世，也是我最后一次见舅婆，她毫无顾忌地拍打炳娣的尸身，好像炳娣是个和她吵架的大活人，这让我惊骇。几年后，舅婆也走了。

1987年，我和先生在祖母炳娣出生的黄竹坑祖屋住了半年，三楼的大通铺成了我们的大卧室，也就是过去放稻谷连接着阳台的无间隔楼棚。每天上下楼都要经过二楼的厢房，有天闲着推开了门。这是祖屋最好的房间，说是舅婆住过的，所有的摆设都是古朴的民国风格，也许因为那张雕龙刻凤的床太大，房间因此有点逼仄……

舅婆是炳娣的弟媳，是炳娣的娘家人，归结舅婆的一生，她嫁入黄竹坑成为舅公邱荫生的妻子，至她去世，半个世纪之久。

在黄竹坑大屋的厅堂正面，可以看到舅婆坚守一生的男人，一张又一张照片被框在相架里，舅公从番邦阿鲁巴寄回来的照片，几个人或十几人，不知道是谁，只知道其中一个是我的舅公邱荫生。记得20世纪60年代，我父亲有一块名表，不知道是“梅花”还是“奥米茄”。父亲说这名表是舅公回国时送给他的。

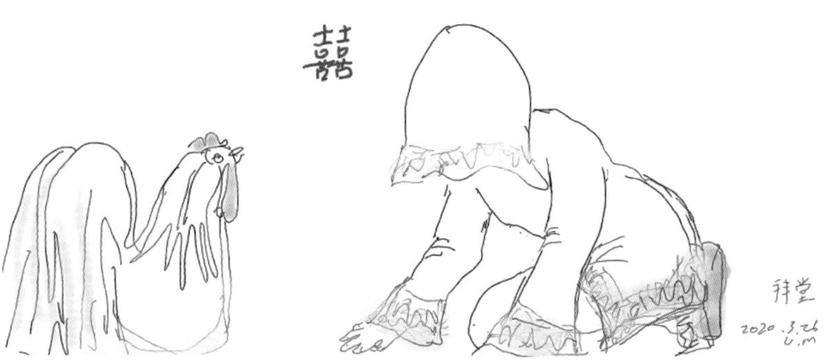

父亲和炳娣也无数次说过，黄竹坑三层小楼是舅公寄钱回来兴建的。

2019年7月，女儿代表家族去大西洋西印度群岛一个叫阿鲁巴的岛屿，那是舅公落脚至死，生活了几十年的地方。她会带回什么答案？

舅婆去世后的1987年，当我住在马峦山下这一座三层的小楼，也就是她守护了几近一生的大屋时，我无法不想，一个女人的生命是如何被淹没的？

这座大屋框定了她的一生，仰止于高高挂在墙壁上的照片，低首光阴之间她真就无怨无悔？她不无怨无悔又能改变什么？想深了特想哭。

——张黎明

1930年　婚事

大约1930年，她嫁到黄竹坑的邱家。那是民国十九年。

或许是她人生中最美丽的一天，大红色的嫁衣和婚鞋，还有第一次点在唇上的一小抹绛红……花轿子在山中和田间晃荡了许久，终于在黄竹坑停住。被搀扶着下轿的她，刹那间听得鞭炮噼啪大响，炸裂开来的碎屑，红里夹杂了黑和灰，漫天乱舞，还有熏呛的烟雾燃烧着窜进鼻腔。红红火火，喜庆如常。

这是被父母包办的婚姻，她没见过新郎，他是谁，长什么样子，又是如何的脾性？女孩可能偷偷地想过，或许甚至有那么一点点的憧憬，说不定嫁的是一个好人家呢？只是或许对她而言，这些都是不切实际的想象，想得再多，也都是嫁鸡随鸡、嫁狗随狗罢了……憧憬，可能是日后叫人难堪的失望。

如今，走完这十来米的路，她的命运就要揭晓。

……

……

……

1893年，我的曾外祖母在坪山黄竹坑出生。126年过去了，1893年的中国已经变成历史书上寥寥的数行字，笼统地叙述了一个积贫积弱的国家，配图上的中国男人还留着清代的发辫。曾外祖母的父母为她取名“邱炳娣”：“炳娣”的“娣”，是家里希冀她可以“带来”一个弟弟。她有一个妹妹邱

花轿行走过的乡间石壆小路还在（殷秀明 拍摄）

丁娇，“丁娇”的“丁”同样取自添男丁的盼望。那时候的每一个家庭都希望诞下男娃娃，就是这么清楚直白地写进了女孩们的名字。1903年或者1905年，她们的弟弟邱荫生如愿出生（邱荫生的生年不详，推测是1903年至1905年之间）。

炳娣、丁娇和荫生，是马峦山这片重山叠翠孕育出来的千万个客家孩子中，普通的三姐弟。普通孩子的人生，命运向来早已经被写下：女儿和母亲，儿子与父亲，两代人相差无几的人生故事即将发生。

但是1912年，中国从清朝变作了民国，倏然间男人们都剪掉了长辫，“要变革”的呐喊响彻天地，却和马峦山下这一片村庄中的女孩们无关。同年，姐姐炳娣已经被嫁到邻村汤坑的张家，生儿育女、侍奉公婆、持家劳作。弟弟荫生被送到私塾，识字读书……一直到荫生二十五岁左右，这个普通的家庭也发生了一件大事。

二十五岁，是那时候男子当成家立业的年纪，邱家父母同样为荫生跟一个姓林的姑娘定了亲。只是在拜堂前夜，荫生消失了。

父母和族人们寻遍了马峦山一带，终究是找不到人，但是1930年的他们波澜不惊：荫生这孩子书读多了，大概是“新思想”作怪，这样子的事情他们见过，不慌不惊，跑了和尚跑不了庙，按惯常布置就好。

按惯常布置就好，只是得有一只生猛的大公鸡而已。

嫁鸡随鸡，嫁狗随狗……像应验了一句极其卑劣的诅咒，林姓姑娘的新郎真的是一只大公鸡。

叽叽咕咕扑腾扑腾，大公鸡可不安分，它硬是从族人的夹抱中挣脱，胡飞乱撞，追捉它的族人们扑前扑后，跳上跃下，既混乱，又滑稽。在鸡飞人跳之间，还有新娘那一袭红。红本来是热烈的色彩，她的红却寡言不争，没有人知道，大红盖头下是一张伤悲沉郁的脸吗？不乐意任人们摆布的大公鸡终于被抓住，骚动也平息了。于是，姑娘和鸡先拜天地和祖先，再拜父母，最后对拜。人们给鸡颈系上了一条红布，和姑娘一起送进洞房……

第二天，姑娘挽上了髻，就是邱家的儿媳妇了。一切如常，她脱下嫁衣和婚鞋，在灶间和田里劳作。如此日复一日，年复一年，她在邱家留候了55年（逝世于1985年）。

在家族流传的故事里，她的名字模糊了，只剩下一个姓：“林氏”。因为她右手的些许残疾，黄竹坑的人们又唤她作“瘸嫲”（客家话，意为手有残疾的女人）。

旧时候有“和公鸡拜堂”，我是知道的。在哪里看到的，明明以为是猎奇的、少数的、例外的故事，却发生在家族中上几辈人的身上……并且，“怪谈”竟然是“司空见惯”的，八九十年前，出埠谋生的那些贫穷的中国

青壮年们，有许多回不了家。由父母族人寻一个姑娘和公鸡拜堂，就算是成了家，老父老母也因而有个人照看着。这的确是久远以前的“陋习”，但似乎也是在冰冷的现实中“活下去”的某种选择，而愿意自家女儿和公鸡拜堂的，大多是穷苦人家。

可是林氏不知道自己嫁的是大公鸡？她为什么没有拒绝，为什么没有离开，为什么甚至连愤怒也没有？毕竟和她拜堂的那一只大公鸡，也挣扎逃脱过。

是因为相信“丈夫”某一天会回来，还是因为“父母之命，媒妁之言”，这就是她的命？又或者，她自以为那是为了“活下去”所做的最好的选择？还是……她什么也没有想过？

有老人说和公鸡拜堂的她来自马峦山，可深藏在马峦山中的哪个小村呢？（殷秀明 拍摄）

同样面对被父母包办的婚姻，太舅公邱荫生的选择是一走了之。族人们猜测也许是听闻林氏因为小时候生病，右手稍有些残疾，他不喜欢。但是他大概连她的名字都不知道吧，父母选择的姑娘，他不要知道任何关于她的情况，不愿意就是不愿意，不愿意一而再、再而三地走父辈们走过的路。

那晚，他执拗地走进了深暗的夜，渐渐地远离了温暖却似乎永远也无法互相理解的家。

不多久，邱家人听说他登上了去往英国的船……

2014年　亲人

2014年的6月，我在北京，和广东几乎没有存在感的春天相比，北京是春光明媚和春花烂漫，收到Shin Man的邮件时，也是这样子的一个“好天儿”。

许久不联系的她说：“阿鲁巴这边有一个人在打听你的联系方式，他说自己是你的亲人。”

在北京晴朗的六月天，这句话听起来更加像是谁开了一个不合时宜的玩笑。我很诧异：啊?

2005年阿鲁巴的张运叔公过世时，他不会说中文的几个子女找来当地的华人联系上妈妈，才告诉我们运叔公去了。Shin Man就是那个华人的女儿。两个妈妈聊起来，发现女儿们年龄差不多，就让我们互加了网络联系方式。后来，妈妈们之间没有联系了，我们倒是聊了又聊，还和她有过一趟惊而无险的意大利旅行，是“患难老朋友”了。

她不可能开这样子的玩笑。

阿鲁巴呢，是一个岛国。说起阿鲁巴，大家多半会一脸懵茫，或者是联想起一个难以名状的游戏，要补充“在加勒比海上”，人们才恍然大悟，但很有可能是擅自想象了一片“加勒比海盗”驰骋的海域……其实，阿鲁巴很小很小很小，单看那些绕加勒比海一圈的海岛们，阿鲁巴在其中小得看不见。地图上“Aruba”这几个英文字母，都比海岛本身大，点击放大好几倍，它的轮廓才开始清晰起来，那是在加勒比海南部、南美洲大陆北边的海岛，荷兰王国的构成国之一。

谷歌地图上的阿鲁巴小如芝麻

小时候看奥运会开幕式的运动员入场，外公带着我们几个小孩子看中国代表团，还要看阿鲁巴代表团。阿鲁巴的队伍很短，一下子就走过去了，运动员们长得也不像中国人。好奇怪，我问外公为什么要看阿鲁巴队？外公说，那是运叔公生活的地方。所以我们家自作主张地把阿鲁巴队看成是第二国家队了……

南加勒比海的阿鲁巴，有我的叔公张运。因为叔公的关系，阿鲁巴也亲切起来。只是，其实我没见过运叔公，一个从未见过面的人，哪里来的亲近？也许是长辈们时不时的记挂，也许是外公外婆家墙上挂了几十年的运叔公的照片，有初出埠的他，有婚礼上的他，还有归乡探亲的他……

想到运叔公，就会回想起外公去世前的几年，在家附近的茶楼被骗子用几十张“壹元美钞”伪造的“百元美钞”骗走了几万元人民币，从来不认老的外公自此颓了。问七十几岁的老人为什么要兑换美元，外公说想给弟弟张运寄一些钱，中国的生活好了，想让他和他那几个“半唐番”（混血）的儿女回家看看……外公最后都没能够实现这个简单的愿想，它悲伤地系挂在遥远的运叔公的身上，成为家和离家的游子之间永远的想念，无法忘却的苦涩

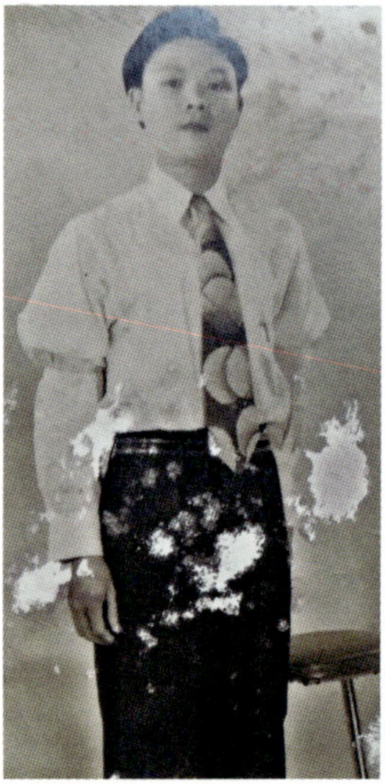

运叔公十七岁出埠阿鲁巴，成了异乡人（张德　提供）

和心酸。

我们的确有亲人在阿鲁巴，是运叔公的“半唐番”们。可是，Shin Man所说的“亲人”，显然不是他们。那么——

自称“亲人”的他是谁?

几十年间没有联系我们，为什么现在开始了寻找?

……

春末夏初的好天气一直持续到那一天收到“亲人”的邮件，他叫Frank Fun，还有五个兄弟，一个妹妹。附件是两张乍眼一看就知道年代已久的黑白照片，他说一张是他们的祖母Lau See，一张是他们的父母，他的爸爸叫Yau Sang，是运叔公的舅舅。

运叔公的舅舅，也就是曾外祖母邱炳娣的弟弟——邱荫生，那个被大公鸡替代的男人，林氏的落跑新郎官。照片上的他，有一张坚定的脸。

现实，毕竟不是悬疑推理故事，没有迷局重重的身世追寻，也不需要“福尔摩斯”或者“柯南”，只要给妈妈打一个电话。她说对，她的舅公邱荫生去了阿鲁巴……

原来，“和公鸡拜堂”的故事只是没有说完，它早已经有了后续。

我的太舅公邱荫生在香港往英国的船上做海员，最后落地阿鲁巴，在番邦有了另一

印在圆瓷碟上面的Lau See的照片（邱荫生后人 收藏）

Yau Sang夫妻（邱荫生后人 收藏）

个家，他的妻子叫露琪娅（Lucia Cecilia Gomes Balanco）。妈妈说，从前邱家厅堂的最显眼处，挂着几个相框，里面是邱荫生和露琪娅的结婚照、他的儿女们的满月照。幸福的家庭，一切安好。只是很难去想象，那个姓林的姑娘，55年的日与夜，都对着“丈夫”和他的另一个家。即使这样，她也没有离开。为什么？

照片里的露琪娅笑脸盈盈。黄竹坑的这个家，对邱荫生来说，又是什么？

所以，“失散多年的亲人”，是那些许久未联系的邱荫生的儿女们。邱家孩子们的故事自此延展，从2014年，野生藤蔓一样，慢慢地爬回1930年，Frank Fun说，他们想寻根。

我在邮件里回复了“好”，看着照片中这一张坚定的中年男人的脸：它和“公鸡拜堂”故事里头那个青年执拗出离的背影重叠在一起。

黄竹坑的邱荫生，原来变成了阿鲁巴的“Yau Sang”……

已过去的故事，像沙一样，从时间的留隙间一点一点地漏落，堆积起一丘好奇。

2016年　寻根

作为“广东人”成长的我，追根溯源，还是“客家人”。然而，我不是特别能够确认自己有什么“客家人”的特质，毕竟，我连客家话都讲得不好。“涯系客家人（客家话：我是客家人）”，难道仅仅因为基因吗？年轻的时候，“客家人”，好像是一张理应张贴在自己身上的标签，我并不抗拒，只是它确实很陌生。

我不懂得客家话，是因为小时候爸爸妈妈在家里讲的是粤语。外婆生病，是我学听学讲客家话的开始。

2007年前后，外婆确诊患阿尔茨海默症。逐渐地，她忘记了自己的大部分人生，她不是那个和外公结婚的妻子，不是那个养育五个儿女的母亲，也不是那个经历过抗日战争的东江纵队战士。大部分时间，她躺在床上，用手肘支撑着上半身，昂起头，执着地呼唤：“阿咪”，或者“杨春莲”。

妈妈告诉我，“阿咪”是客家话的“阿妈”，“杨春莲”是外婆的母亲。

这个时候的外婆也忘记了乡音以外的语言，普通话和粤语已经无法和她沟通，只有客家话，可以连接那一个残缺不全的世界。我开始学习客家话，尽管蹩脚，却也可以“欺骗”外婆——

“涯想转屋卡。（客家话：我想回家。）”

“转屋卡做乜介？（客家话：回家做什么？）”

“转屋卡寻涯阿咪。（客家话：回家找我的阿妈。）”

“好！涯丢明朝日开车转屋卡好唔好？（客家话：好！我们明天开车回

家好不好？）”

“好！（客家话：好！）”，外婆奋力点头，本已阴翳的眼珠闪烁过孩童似的勃勃生机。只是“明朝日开车转屋卡”是近乎每日一次的欺骗，她的乡居早已无人，她的“阿咪”早已过世，丧失了记忆力的外婆也没有“明朝日”……

这样子持续了八年。在外婆的追悼会上，我发现自己竟然可以用客家话引导前来送别的亲朋好友……或多或少，我终于成为一个能讲客家话的客家人了吧，这是外婆最后教会我的事情。

外婆离开以后，我时常想她和已经离世的外公，还有父亲家族的老人们，甚至在我出生以前就去世的“阿公”（客家话：祖父）。我很幸运，记忆里头只有与他们共度的快乐，所有微小的平淡的幸福，年少时不在意，而今却又如“朝花夕拾”，那些瘦小佝偻的老人们，更加可爱起来。我有一点点理解了，为什么在人生的最后的年月，外婆希望回家，希望回到妈妈身边。

我想Frank他们兄弟姐妹开始“寻根”，也是如此……

和Frank通上邮件已经有两年。一来一复中，他说一定要和妻子Elly来深圳，来看看中国的亲人和黄竹坑的邱家祖屋。终于在2016年5月初，他们来了。

当七十多岁的老人Frank和妻子走出海关，现实中的相见，却叫人霎时间有些手足无措，是第一次见面的握手？还是亲人间离散多年的拥抱？一个人伸手，一个人张开手臂，慌乱和尴尬中，大家一起笑了，最后一起拥抱。

宇明舅舅带我们回黄竹坑是第二天的事情。天飘着毛毛细雨，我们的车跑在像蜘蛛网一样纵横交错的水泥路或者沥青路上。从前那个很遥远的“乡下”，如今只需要四十五分钟左右的路程。Frank在车中又说起自己的父亲。

Frank说父亲的话很少，不会说帕皮阿门托语（阿鲁巴的一种当地语言，混合了葡萄牙语、西班牙语和荷兰语），英语也不好。在不懂中文的

Frank退休前是小学校长，退休后成为阿鲁巴华人移民的研究者，并与人合作撰写了一本书，关于阿鲁巴华人移民和后代（邱荫生后人 收藏）

深圳和阿鲁巴的亲人们，第一次家族聚餐（张氏家族 收藏）

孩子们眼中，他逐渐变成了一个沉默寡言的谜，而他的故乡变成了那个遥不可及的中国。当父亲已经离开四十二年，Frank自己也变得和记忆中的父亲一样苍老时，才开始想去捋清楚父亲，父亲曾经的“家”和自己的“根”在哪里？

寻找一开始就非常困难。Frank有五个兄弟，一个妹妹，他排行老三。七个兄弟姐妹，觅尽记忆的旮旮旯旯，拼凑出来的父亲却是有限的。去翻家中的箱柜和阁楼顶间，找出落满尘灰的黑白老照片和老文件，照片上有不知道是谁的中国脸庞，和不知道是哪里的中式建筑，文件上尽是一些不知道讲什么的中国字。

父亲从哪里来，如何从中国到阿鲁巴，在中国的亲人们呢……他们难道再也无力得知了吗？父亲留下的，似乎只有兄弟姐妹们脸上的些许东方特征。还有父亲过世时，有老华人告诉他们，父亲姓“Yau”。他们仿佛复

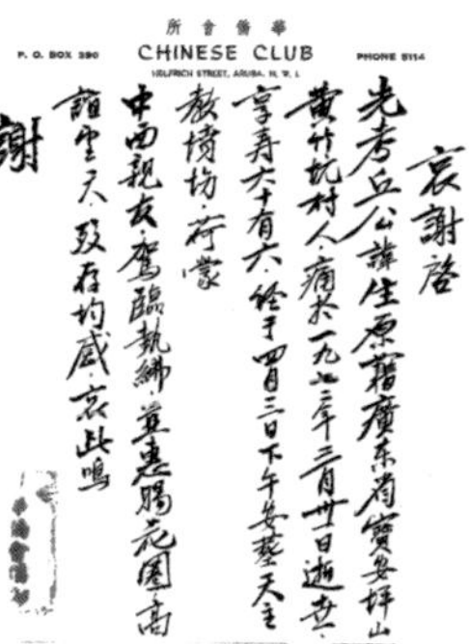
華僑會所
P. O. BOX 390 CHINESE CLUB PHONE 5114
HELFRICH STREET, ARUBA, N. W. I.

哀謝啓
先考丘公諱生原籍廣東省寶安坪山
黃竹坑村人，痛於一九四三年三月廿日逝世，
享壽六十有六，经于四月二日下午安葬天主
教墳場，荷蒙
中西親友，惠臨執紼，並惠賜花圈，高
誼隆天，殁存均感，哀此鳴
謝

华侨会所为邱（荫）生撰写的讣告，清楚地写下了他的籍贯（邱荫生后人 收藏）

读机，一遍又一遍地用力把“Yau”读进脑里头。

那些落灰的老文件之中，有一份繁体中文的讣告，执笔人是阿鲁巴的华侨会所。Frank他们辗转找到一个老华人把讣告翻译成英文，印证了父亲的确姓“Yau”，讣告的第一行是：“先考丘公諱生 原籍廣東省寶安坪山黃竹坑村人……”（编者注：古代书写父辈名字，不直接称呼名字，故曰“讳”。）因此，他们多了两条线索：父亲姓“Yau”名“Sang”，和来自“黄竹坑”。

如果在谷歌地图上搜索“黄竹坑”，会跳转到位于香港岛南区的另一个黄竹坑，它背靠香港仔郊野公园，前面是香港海洋公园。虽然缺乏文献佐证，但本地人说，那“有一条俗称‘大水坑’的小溪，溪边长满金黄色的竹枝，黄竹坑因而得名”。

因此，Frank他们也一度猜测父亲实际上来自香港。直到我们确定地说，邱荫生的黄竹坑在深圳坪山，它依附马峦群山，或许过去同样长满黄竹。

从前31.66平方公里的马峦群山，现在叫作“马峦山郊野公园”，黄竹坑在其中的封神山下。

假如我的曾外祖母邱炳娣知道，想来必定又惊又慌：“乜介喊做郊野公园？（客家话：什么叫作郊野公园？）酿边上山割柴草？（客家话：怎么上山割柴草？）酿边做饭？（客家话：怎么做饭？）”

客家人向来“靠山吃山”，甚至连歌都是从山中唱起来。马峦群山上采的野菜野果和野草药，在“饿瘟”时期更救过千百人。山突然变成了郊野公

马峦山郊野公园（殷秀明 拍摄）

园，怎叫炳娣们不惊慌呢？如何向先辈们解释，上山不再为耕作捕猎、割草砍柴？有电有煤气，饥荒也几乎不发生了。走走郊野公园，就是活动活动让心放松。除此之外，这山没有变。

是黄竹坑变了，施工地盘包围了村子，听说在建的是一座立交桥（南环快速）。向来熟悉乡下道路的宇明舅舅迷失了，找不到入村的路。在村外兜转半个多小时，才走到邱家祖屋。邱荫生出生的小土房“老屋”，和邱荫生20世纪30年代自外洋寄钱回家建的三层楼“新屋”并肩而立。是它，Frank对比父亲珍藏过的老照片：三层小楼，悬空阳台，窗和门……只是墙上的彩绘已模糊，而门前的田被铲平成了待建立交桥的工地。

Frank走来走去，从前，从左从右，又从远处拍下“老屋”和“新屋”，可惜了俩屋门都锁着。我妈妈说，她和爸爸在“新屋”住过快半年，从阳台上可以望到金黄色的田野和远处的片片姜花，三层楼高的“新屋”，带着“洋味儿”的阳台，在那时颇显气派。现今的它，苍老和尊严结合在一起，倒让时间洗褪去了几分骄纵。

后来，舅舅说去邱家祠堂。“祠堂”是什么，我琢磨着如何给Frank和

Elly解释。记得迪士尼的《花木兰》出现过花家祠堂，木须小龙敲锣打鼓，唤醒了男男女女的祖先神灵，齐齐讨论如何保护木兰，这也许是西方人对祠堂的理解。但是，怎么样跟他们，尤其是和Elly解释，其实旧时候的女性祖先神灵不可能出现在祠堂？

祠堂门口的四言对联“河南世泽，渭水家声”，上联典指邱姓的郡望为河南郡，下联典指源出姜姓的邱氏始祖姜太公“渭水垂钓”事典，是许多客家人家用在祠堂的对联。从前还有添丁点灯的习俗，是否曾经有一盏代表Frank的爸爸——邱荫生的灯，在祠堂中被冉冉挂起？

带着Frank和Elly鞠躬过后，我们走出祠堂，回首再看，其貌不扬的它，甚至墙面都已经霉迹斑斑。这幢曾是这族人最神圣和庄严的村中建筑，即将湮没在时代的变迁中，成为那座建设中的立交桥的一部分？或者是桥下的交通道路和绿化带吗？在中国人看来，寻根至祠堂，已达终点了吧。宗族的“根”，曾经在祠堂中，日后，又于何处置放？

邱荫生保留的“新屋”的照片。“新屋”初建成的时候，在当地颇显气派（邱荫生后人 收藏）

“新屋”已经人去楼空，生机盎然的是门前的乱草（廖铮 拍摄）

并且，我们这个时代的“根”，是什么？

祠堂无言，新世代的我似乎也无法为Frank讲述何为祠堂所代表的“根”。时代早已经变化，正统的宗族文化，有一些被保留，有一些逝去许久。

清末民初时候的中国，衰落、破败、孱弱。战争和无可而为，让沿海许多家庭的青壮年，选择漂洋出海去做华工。他们不是去过“美好的生活”，而是大多数做着血泪相融的低等劳动力，死去的人很多。死了的人死了，活着的人省吃俭用，月月寄钱回乡，养活家人，条件好点了便在家乡买田建屋。那时候的他们想着自己只是出来工作挣钱，总有一天要回中国“落叶归根”。我在意大利做交换生的时候，听说过早年间对中国人的“谣传”，说中国餐馆贩卖人肉。这一个听上去十分无稽的传言，出现的原因可能一是中国餐馆里的饭菜价格便宜，二是当地人发现华人们似乎“死不见尸”……因为许多华人纵有在他国过世的，也嘱托人将骨殖带回原籍安葬。生既已回不去，那么死也要回家和亲人团聚，葬于故土……香港曾是华人们骨殖回乡的中转点，转送过成千上万的骨殖和招魂箱——那是有人为找不着骨殖的同胞们招回“魂魄”至箱中运送归乡，如此“魂归故里”，这是那个时代的“根”。

我想起日日呼唤“家”和“阿咪”的外婆，和我的祖辈老人们，甚至是我出生以前已经去世的曾外祖母和祖父。有人说，我长得像妈妈，而妈妈长得像曾外祖母。看着炳娣年迈时候的照片，我时常想，大致也是我老了的样子吧。也曾听说祖父是一个温文和善的人，和爸爸一样，瘦瘦高高，尽管不曾见过，却相信祖父若在世也一定会疼爱我。他们是我的“根”，他们与我的羁绊，在人生中或隐或现。只是，如果进一步追溯，比他们更加久远的先辈们，被供奉在祠堂中几百年的人们，一下子又离我很遥远了。“根”，到底是什么？

望向身边的Frank，我不知道他找到了他所追寻的“根”吗？“父亲”

邱荫生的儿女们来到他们的爸爸出生成长的“老屋”（廖铮 拍摄）

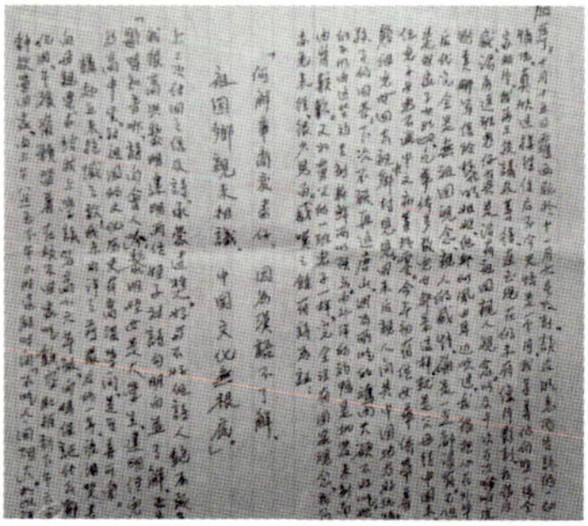

阿运在家书中哀叹“番仔”已无半点“中国”观念，怎想到“番仔” 年迈之时却返乡寻根……（廖铮 拍摄）

邱家祠堂的“河南世泽，渭水家声”（廖铮 拍摄）

邱荫生的儿女把他们的祖母和父亲的照片放进邱家祠堂，如同游子归家了（廖铮 拍摄）

这一根游丝一样的线索，把他带回故乡，他和这片土地将如何共鸣？我们没有讨论。

2017年，Frank又回来了，带着他的弟弟们和妹妹，一行五人在客家人拜山（扫墓）的中秋时节回来了。跟我们这些纯粹黑头发黑眼睛黄皮肤的亲人们在一起，上香行礼，他们带来了花和父亲邱荫生的照片。拜山结束后的家族聚餐，Frank拿出了他写的族谱。邱家姐弟，和他们的子孙后代，写在了50页的书中，大家每人一本。

妈妈曾经翻找出来一批运叔公寄回家的信，其中的一封感慨了阿鲁巴的中国移民第二代："我很反感，认为这班鬼仔真是没有祖国亲人观念……舅父（邱荫生）的一班儿子一样，完全没有国家观念。我们亦无来往，很少见面……"，字里行间全是运叔公的愤然和心痛。

我想，太舅公和叔公，如果知道今天"这班鬼仔"终于回"家"了，一定很高兴吧。

不仅仅如此，"这班鬼仔"舀起"故乡"的一捧土，装进瓶中带回了阿鲁巴。

加勒比海的蓝（廖铮 拍摄）

2019年　秘密

香港飞阿姆斯特丹将近十二个小时，阿姆斯特丹飞阿鲁巴将近十个小时，漫长的飞行，没有时间感地在昏睡和清醒之间切换，估摸着要到了，我打开舷窗的遮光板：成片的蔚蓝之中，陆地总算是挤出一线浅白色的边际。天的蓝和海的蓝，也开始界线分明起来。天的蓝是平静的，海的蓝深深浅浅，粼粼地闪烁着光。

这就是加勒比海。明净的海让人舒畅。

海上的那片陆地是阿鲁巴，竟然在那么遥远的地方，有我的太舅公邱荫生和叔公张运，几代人在这里生活。

太舅公是家族中来到阿鲁巴的第一个人。听说他离开黄竹坑后，在香港做了海员，行船的第一站是英国。

是在什么时候，他从地球的东半球航行到西半球，又为什么最后决定在阿鲁巴这个南加勒比海的小海岛上定居下来？

我想起来“客家人”的起源，不知道是从哪儿听说，依稀记得，“客家人”是许久以前来自中原地区的战争逃难者，为了生存，一次又一次地迁徙。在新的定居点，本地人是“主”，他们是颠沛流离的“客”，“客家人”的名字由此而来。本地人们早已经占据了辽阔富饶的平原地区，能够容纳客家人的只有群山的深邃和未知。旁人畏惧的山中艰险，恰恰成了客家人生存的倚恃。小时候听说这一段历史，我感觉客家人特别可怜。

如今我已经知道，在苦境中求存，是这些异客们生命中的骄傲。我的太舅公和叔公，正是如此，他们重复了几百年前客家先辈们的故事，离开生养自己的坪山，成为阿鲁巴的新“客家人”。

从飞机上往下看海，是不具有威胁性的水蓝。但阿鲁巴四周的海实则海浪湍急，行船颠簸摇摆。没准就是阿鲁巴这过分的海浪，让太舅公厌倦了行船生活，回归陆地。1935年12月18日，他在阿鲁巴上岸。

这里炎热干燥得连热带植物都难以生长。比热带植物都少的，是华人。太舅公在他的故乡黄竹坑，或许算是“高大”。然而在当时聚堆阿鲁巴的各色人种看来，他只是“又一个”瘦小的中国男

1. NAAM FUN
2. VOORNAMEN You Sing
3. PLAATS EN DATUM VAN GEBOORTE China, 16-7-05
4. ADRES Dahliastr. 9
TE Aruba, N.A.
Handtekening van de houder:
5. AFGEGEVEN DOOR DE GEZAGHEBBER
6. TE ARUBA, op 20 februari 1964
7. GELDIG TOT 20 februari 1969
No. 22999 Namens deze, De Commissaris van Politie

驾驶证（邱荫生后人收藏）

人。他为什么认为自己可以在这里生存？他又是如何生存下来的？

这个沉默寡言的男人，从没跟妻子或孩子们讲述过自己，正如Frank所说，他们连自家姓“邱”都是父亲过世以后才确知的。最最亲的人，仿佛陌生起来，父亲没有说，自己也没有问，父和子的错过，成为永远。

承认对自己的父亲知之甚少，我想是刺痛的。他们发现，在阿鲁巴的华侨会馆，和会馆中活动的华人们——父亲的同乡人和同龄人中，他还是那个黄竹坑的邱荫生，所以大家亲切地叫他“Asang（阿生）”，或许是粤语或许是客家话，这是他们自己人的“秘密语言”，可能是连他们的孩子们都不懂的语言。而通过“秘密语言”互相托付的，是他们各自从唐山（中国）带过来的秘密。阿生的秘密，就是那个仍待在黄竹坑的“妻子”。

Frank和Elly第一次回黄竹坑以后，在阿鲁巴见到了父亲的同时代人Lum Yok Fun（音译）老人，他们告诉她，在深圳见过了亲人们。

“是吗？全见过了吗？”好像在为阿生解释一样，她说，“是啊，那时候很多人在家乡都结婚了。”

他们秘而不宣，为阿生守着一个秘密。不，应该是他们为彼此守着秘密吧。

的确，在乱世中，许多华人有了两个家，一个家在中国，一个家在当地。两个家或许知道彼此，或许不知道。更多的是在中国的那个家，知道男人在异乡重婚生子。

泄漏阿生的秘密的人，是我。Frank和Elly在深圳的时候，一无所知的我，自然而然地谈论起“和公鸡拜堂”的故事，完完全全没有注意到他们的沉默，故事结束了，我才发现他们一脸愕然——第一次知道父亲在中国有一个妻子。

阿生的选择，是不聊起在中国的她，但是继续给她的那个家定期寄钱。

华人们勤劳、节俭、善储蓄，阿生也是这样。他埋头工作，很少娱乐，像蚂蚁啃骨头一般，一点点地省下钱来，留些给自己生活，余下的寄回家。

即使在阿鲁巴成家以后，寄回来的钱少了，却没有中断过。陆陆续续几十年，远在异乡的他，一直是黄竹坑邱家的经济支柱。家里用存下来的钱建了三层楼，给阿生寄回去新房子的照片。可能知道这是寄给阿生的，族人们聚集在房门前，或者站在那颇有些“异国风情”的阳台上。有个人影隐约地招着手，这是阿生在中国的家。这张照片，就是后来Frank在父亲的遗物中找到的“新屋”的照片。

在阿鲁巴，Frank的弟弟Chris夫妇和妹妹Sandra，则带我去了阿生在阿鲁巴的家。

阿鲁巴的繁荣，是从1929年启动Lago炼油厂开始，也就是阿生来到这座海岛的前些年。在这里，任何人只要愿意，都能够找到一份工作。有工作，意味着有收入。于是大批人涌入阿鲁巴，聚集在炼油厂附近的圣尼古拉斯城。城中熙熙攘攘，朝气蓬勃。阿生是个聪明人，一开始只是在华商经营的National（国家）杂货店打工，没过几年，成了杂货店的合伙人。1950年，他用卖掉杂货店股份得来的钱开了第一家完全属于自己的杂货店——Chungking（重庆）杂货店。3年以后，阿生买下地建起一幢真真正正属于自己，称之为家的房子。

Chris和Sandra也已经很久没有到过这里。如今的房主带我们进来，它依旧是一幢漂亮的房子，庭院里的郁郁葱葱，屏障似的阻挡了阿鲁巴的极炎热和极干燥，像一个清凉的、有点野性的隐秘小花园。已经过去几十年，当然有许多物是人非，但Chris和Sandra却似小孩子般地雀跃，还原着小时候的家：“这庭院地上从前铺遍白砾石，植物们没这么高，看着更整齐些。爸爸在门厅前有把扶手椅，他爱坐在那里，看我们游戏……”

花鸟图，釉上彩瓷器和弯腿卷足的红木矮圆桌，可以说是一个华人的家，也可以说是一个中华文化爱好者的家。可是，这里还有盘架子托着的圆瓷碟，上面印着高额头高颧骨的中国女人的照片。从阿生的这些“半唐番”们记事起，这个圆瓷碟就一直在客厅里，他们就一直知道这个女人是在中国

1961年，Chris也出生了（图中被抱着的男童），阿生一家人在阿鲁巴的家中庭院拍下全家福（邱荫生后人 收藏）

的祖母。寡言的父亲，很少直接干脆地表达过情感，孩子们知道，这是一份沉默的想念。这个“中国游子”对母亲和家的苦思，也许在他们的心底种下了一颗小种子，最后生根发芽，辗转寻回到中国。当几个兄弟姐妹回到黄竹坑，站在那座三层楼前，他们不知道，同样的，这里的厅堂中也曾挂起过父母亲和他们的照片。黄竹坑和阿鲁巴，一直在彼此想念。

圣尼古拉斯城的兴旺，在1953年至1963年的十年间持续着。重庆杂货店也经营得挺好，阿生在1963年新开了Hongkong（香港）超市和Kibaima咖啡店。

可是，我看到的圣尼古拉斯城，却是落败的。

Chris开车带着我们在圣尼古拉斯城，沿着阿生的人生走下去，从阿生的家出来，到他曾经工作过的几个杂货店，接着到他活动过的华侨会馆和街道……Chris和Sandra感慨着，在孩童时代的记忆里，最美好的圣尼古拉斯

Chris和我站在当年拍下全家福的位置合照（邱荫生后人 收藏）

阿生喜欢坐在门厅前（廖铮 拍摄）

Chris和Sandra说这一座凉亭有无数的美好的童年回忆（邱荫生后人 收藏）

阿生的家非常“中国”（邱荫生后人 收藏）

阿生在家中挂上各类中式画（邱荫生后人 收藏）

香港杂货店开业，当年的小Frank笑得龇牙咧嘴，后来杂货店升级为超市（邱荫生后人 收藏）

Kibaima咖啡店（邱荫生后人 收藏）

城，变得这么得萧条。1985年，Lago炼油厂倒闭，旅游业在阿鲁巴的另一边兴起。没有了工作机会的人们陆续离开，而没有了人的城终归安寂，阿生那一辈人的“好时代”结束了。

我们在阿生生命的终点——圣特蕾西亚教堂停下来。这是一所天主教堂，也是1942年阿生和露琪娅结婚的地方，结婚前，他受洗成为天主教徒。

在阿生和露琪娅结婚前，露琪娅在一家首饰店工作，突然首饰店来了一个中国男人。第一天，他说想看看笔，买下了笔。第二天，他说想看看

十七岁的露琪娅
（邱荫生后人 收藏）

露琪娅身着旗袍
（邱荫生后人 收藏）

手表，买下了手表……这个男人连续来了好多天。店主看出来些许端倪，打趣露琪娅说，这个人可不是来买东西的……果然，他想认识露琪娅，当时只有十六岁的露琪娅拒绝了。当然，这个男人就是阿生。

当时的阿鲁巴，有一家Hollywood（好莱坞）理发店，店主是华人，叫Wong Wan Faen（音译），岛上几乎所有的中国男人都去那里理发，阿生也不例外。有一次理发时，他竟然看到在首饰店工作的那个女孩子在店里面走过，向店主打听姑娘是谁，Wong告诉阿生，姑娘是他妻子的妹妹露琪娅。阿生终于认识了露琪娅……

露琪娅是华人和葡萄牙人的混血儿，天主教徒，为了和她在天主教堂结婚，阿生受洗了。结婚后，却再没有参与天主教活动。

婚礼的那天，阿生没有落跑。他一个人在异乡已有多年，三十六七岁结婚，也许对比同龄人来说，是有点晚。但，这是他阿生自己中意的妻子，他知道她是谁，了解她的脾性，这一次他相信，他们会幸福。新郎阿生，穿上了西式礼服，打上了蝴蝶结，照相机"咔擦"一声，照片里留下他少有的无比灿烂的笑。逃离了"家"的阿生，成"家"了。

时光流转，岁月更迭。1972年，阿生在家中过世。2015年，露琪娅也走了以后，他们合葬在一起。

决定了今年去阿鲁巴，马上想到要给太舅公和

新郎阿生笑了（邱荫生后人 收藏）

新娘露琪娅准备进入教堂（邱荫生后人 收藏）

阿生的最后一张照片（邱荫生后人 收藏）

叔公扫墓，是这一次去阿鲁巴最重要的事情，这个想法仿佛本能一样地突如其来，叫自己惊讶。为什么是特别重要的事情？我不相信人死后有灵魂，死者已逝，不可能感知生者的缅怀，然而，也许不理性得可笑，我还是想去看看他们。

太舅公和叔公都埋葬在天主教坟场，各自与他们的妻子合葬，永远停留在异乡，又或许，有“家”在的阿鲁巴，早已经不是异乡。Frank告诉我，几年以前，下葬露琪娅，他们打开了阿生的灵柩，里面只剩下一个头骨、一根

年轻的阿生，剑眉星目，看得出眼睛里和嘴角间的坚定（邱荫生后人 收藏）

肋骨和一只“中国制造”的布袜。立在他们的墓穴旁边，我想，里面大概只是既没有阿生，也没有阿运的虚空。明明知道只不过是虚空，却强忍泪流，我悄悄地在心里面说：“屋卡人来看你咯”（客家话：家里人来看你了）。那一个瞬间，我感觉我不是我，是曾外祖母，是外公，和他们的阿生阿运久别重逢。

还有许许多多问题想问阿生，想问那个夜晚他为什么离去，想问为什么没有更加紧密地联系阿鲁巴的家和中国的家，想问中国的那一个“妻子”在他的心中有几分……

我在意大利的时候听说过，曾经有已经取得了合法身份的华人去世，他的身份会被卖掉，给下一个没有合法身份的华人使用。一切是为了“生存”，为了自己的生存，为了赚钱寄回家——家人的生存。人们多说海外华人“勤俭致富”，在体面的“致富故事”背后，又有着多少不体面的血泪挣扎？这些故事也随着阿生离开，一同变作虚空。

我想象着这样子一个阿生：一个中国移民，是成功的商人，经营着一家杂货店，一家超市和一家咖啡店，有幸福的家庭，妻子和七个儿女陪伴着他。在坚实安全的甲壳之下，他是邱荫生，来自宝安（深圳）坪山黄竹坑村。工作结束以后，他总要去华侨会所，在杂闹又熟悉的乡音中，看看华文报纸，打上几圈麻将，这时候可能有个客家同乡唤他一声“阿生”，他会点头答应：“过来料啊”（客

阿生（第二排右三）是华侨会所（当时中国人的护照由中华民国政府签发）的董事会成员（邱荫生后人 收藏）

家话：过来玩啊）？……一切就如同他还在黄竹坑。

待他回到圣尼古拉斯城的家，走进客厅，第一眼会看到母亲的照片。“父母在，不远游，游必有方”，也许他不曾后悔过那一年的不辞而别，但又哪里想到过，那一别竟然是几十年。每一个与中国有关的噩耗传来，都让他胆战心惊，但是返乡也不是一个明智的选择，继续留下来赚钱寄回家，才能够纾贫纾困……盼着寄过来一封封家书，却又害怕里头写了不好的消息。从信中他得知，姓林的姑娘留下来了，靠她照顾父母，他安心了些，对这个被自己“拒婚”的姑娘，心生了好多感激。不知不觉，异乡的他在心中与家、与中国的“妻子”和解了。

从家带过来和寄过来的照片，他悉数放进了卧室里面的五斗柜。那是他用来装衣服的抽屉柜，在最上层的抽屉，放有中药，抽屉拉开来，会闻到些许苦味，轻淡却又萦绕难散，正如他的家愁吧。家的照片也放在这一层。中药味中，正是那小三层楼的照片，还有姐姐炳娣的照片……这些念想，就这么留着，一直到阿生自己也没了。

阿生在五斗柜中保留了姐姐炳娣的照片（邱荫生后人 收藏）

之后又是一个几十年，终于阿生的儿女们翻找出五斗柜里面的照片，开始了“寻找父亲”的旅程……

海面上吹过来的风，闻得到一丝丝的咸腥。西面的天，如落日熔金。“哗——哗——哗”的海浪声中，阿鲁巴的“邱家人”在海边，Kevin弹着吉他，Ashlayn唱着歌……他们是阿生的外孙和曾孙女。细看他们的脸，可以隐约地看到一些华人的面部特征，若有若无。

是榕树，我想起来了。小时候，家楼下有好几棵榕树，或许是高山榕吧，那时候我很矮，树很高。抬头看看，有簇簇树须仿佛自天而下，向地面伸展，实际上，有一些已经深深地抓入泥土，这些是榕树的根，只需要时间和养分，它们将径自生长，在根上长出树来……树生根，根生树，树又生根，一棵树衍生一片林，一片林间又栖居了数不尽的大小生命，在此中生老病死。

我们的根和我们，好像也是如此。差不多九十年以前的一个选择，那一次拒婚，那一个叫作“邱荫生”的男人，在阿鲁巴“落地生根”，衍生了眼前这一些欢笑着的“邱家人”，阿生的儿女、孙辈，甚至曾孙辈。中国人的痕迹之于他们，早已经模糊。他们之中的一些人，即使明白自己是中国人的后代，也将距离中国愈来愈遥远，可是也有另一些人，在某一个时刻，“根”会苏醒，开始追寻深藏在基因中的中国……正如阿生的儿女们终于回到了黄竹坑的邱家，找到照片中的“小三层楼”，寻回照片中炳娣的后代们，尝试去了解自己的“根”，自此开始，“华人”或者“客家人”，不再是一张理所当然却似乎没有意义的标签……

1966 年　框定

阿生的五斗柜里面，和“小三层楼”、炳娣的照片放一起的，还有一张小男孩和女人的合照，没有人知道他们是谁。Frank问我，是不是小时候的阿生和他的母亲。

我想不是，照片中小男孩的发型，已经不是清时代的长发辫，可以确定照片是在1912年中华民国成立以后拍的。1905年以前出生的小阿生，理应比照片中的小男孩更大一些。更重要的是，这里的布景，看得出来是照相馆。那时候，上照相馆拍照还是一件非常奢侈的事情，平常人家如果能够拍上一张合照，也得叫上全家人一起，照片中的女人和小男孩，都梳洗打扮过，女人戴上了耳环和手镯，如此郑重的合照，怎么会没有父亲和姐姐炳娣、丁娇呢？

他们不是小阿生和母亲，那么是谁呢？陌生的女人和小男孩，他们的合照，为什么出现在家人们的照片中？……

“阿生转屋卡啦！”（阿生回家啦），1966年的某一天，黄竹坑邱家的族人们在村中奔走互传。

“少小离家老大回”，这是一件大事，也是一件“喜事”，族人们穿梭进出，忙内忙外，还闹腾出一屋子的笑声朗朗。

这全是妈妈从曾外祖母那里听来的，女人们在太舅婆林氏的里屋腾来腾去，搬走了许多残旧的器物，搬进了太舅公的大洋皮箱。林氏的床，铺了大红色的一袭鸳鸯被，再加上一对鸳鸯枕，那样式那质地，让乡民们耳目一

他们是谁？（邱荫生后人 收藏）

新，赞叹不已，排场比结婚的那一天还隆重。

36年前的“和公鸡拜堂”，终于，可以正式完婚了。

那些年人们结婚，最常见的是一对暖水壶，有红花绿叶和戏水的鸳鸯，许多人喜欢把它们摆放在靠床的梳妆台上。这样子鲜艳夺目的暖水壶，相信人们也定会买一对用在这次“结婚”上。

村里的那群小孩子最欢乐，他们会一哄而上，争抢“鸳鸯床”上那些太舅公带回来的香港糖果。

这时候不知道有没有人唱起喜气的歌：

四角床，四角帐，

四条红线套鸳鸯，

鸳鸯鸯，三年抱两，

利路路，子孙满屋。

……

“和公鸡拜堂”的那一年，林氏也许还没有经历初潮。这一天，“丈夫”回家，她已经四十七八岁，或许绝经了吧。

就是这三十余年，她守着他的老父和老母，饥荒、战争和其他数不清的艰辛，熬过来了。也幸得他没有背弃这个家，不间断地寄钱回来，最后还建成这小三层楼，即使不进村，也可以远远地就看见，是邱家人的自豪。

她和他，第一次相见，是怎样的感觉？有没有人问过她？我想并没有，跟“和公鸡拜堂”的那时候一样。现在，更没有人会注意在那个被熏黑了的灶间，一个早已经不年轻的太舅婆，她像平日里一样，蹲在灶门前面，不住地往炉膛里塞进禾秆草，火舌一下一下地舔出炉膛门，即使她手中的草被烧出了火苗，她也不会因此慌张放手。日复一日，年复一年，她习惯了，在忽明忽暗的火光中，苍老逐渐地爬遍她的脸，或深或浅的皱纹肆意绽放。

大概她也设想过百十次和他相见的情形，显然这不是其中的任何一种。在厅堂的那几张照片上，她已经熟悉他的脸，像学习汉字一般，他的脸代表“丈夫”，是她应当“忠贞不渝、厮守一生”的人。只是，在等待中，期盼是煎熬是折磨。所以她早早地放弃了期盼，又逐渐地，忘记了等待。

爱，不可能。

怨吗？想必有，她做错了什么让他这么决绝地一走了之？

恨吗？但如果不是他，这个家恐怕走不到今天……

“嗞——哒，啪——哒”，灶间只能够听见禾秆草燃烧的声音，她的感受和想法，没有人听见。他的感受和想法，也没有人问过。他们的“婚房”理所当然地布置妥当了。

漫漫长夜，在这一天突然短极了。事情的发展叫人吃惊，人们被什么东西炸裂的声音吓住了。

太舅婆把“新婚物件”通通扔出她的睡房，那一对暖水壶、那一床鸳鸯被和鸳鸯枕，都扔了。她守了多少年的家碎成艳俗的红和绿：一地的暖水壶玻璃碴、散落在各处的被子和枕头，还有伫在它们中间，同样被“扫”出门的阿生。这个在阿鲁巴一向威严的男人，闷声不响地，稍显滑稽地，抱起枕头被子，在厅堂“将就”睡下了。

没有人问为什么，也没有人劝和。第三天，他上省城广州看姐姐炳娣，接着就回番邦了。

那是一个梅雨天。毛毛细雨中，太舅婆与往日无甚不同，不言不语地立在送行的人群里。只是，瘦削的手腕上挂了只玉手镯，垂弛的耳朵上坠了双金耳环。

还是没有人提起前一晚的事情，似乎都不忍心怪责她。春寒料峭，湿冷浸入衣料紧紧地贴上肌肤，或许她的手正如筛筐般哆嗦，她的嘴，也正如绷紧的琴弦般，微微震颤。

她的“丈夫”，名义上她这一辈子的男人，又走了……她的“婚姻”，寥寥数日，又贯守一生。

在那一幢三层小楼中，她守了一辈子生寡。或许正是因为自己没有亲生孩子的缘故，妈妈和她的同辈人，都还记得太舅婆对自己的“好”，她是一个疼爱孩子的人，自然也想有儿有女。只是，收养一个孩子是她有且仅有的选项。

1945年前后，她收养了一个八九岁的男孩子。这个儿子取姓为“邱”，延续的依旧是邱家的“香火“。这一个小小的孩子，和这一个没有丈夫的女人，组成了一个家——阿生在中国的家。

突然，我灵光闪现，那一张照片上陌生的女人和小男孩，会不会是林氏和她的养子？

妈妈、舅舅小姨们反复辨认，却因为年代久远而记忆模糊。一直到已经八十五岁的志忠叔公和妈妈聚到了一起，小时候曾经在黄竹坑邱家住过一年的志忠叔公说小男孩的确像被太舅婆收养的孩子，可是他记不清楚太舅婆的样子了。端详很久，他看到女人的右手手指根根僵直地撑在膝头，志忠叔公抬头说，就是像这样子，太舅婆的右手“残疾”，手指不能够弯曲，村民们才唤她作“瘸嫲”。这张照片，应该就是他们。

那么，这张照片，就是寄给太舅公阿生的“全家福”。端详照片中的女人，看不出来她是喜或是哀。没有表情的她，却穿着看上去新做的衣裳，戴着手镯耳环……即使是寄给从未谋面的“丈夫”，拍这张“全家福”也还是一件大事，他们要告诉阿生这个新收养的儿子，告诉他不要忘记了，他在中国仍旧有一个家。而大洋彼岸收到照片的阿生，或许是第一次真正看见林氏的模样……

自此，作为“家庭”的一个凭证，他将照片收藏到五斗柜最上层的抽屉中。最初落跑的他，接纳了这个“瘸手”的女人和这个没有血缘关系的孩子……他们不是夫妻，却是一家人？那一年他回黄竹坑，孩子有没有喊他一声“阿爸”？

听说，那一次水火不容的相见以后，被赶去“睡厅堂”的阿生继续给“家”寄着钱，还供养子上小学、中学和大学，直到阿生过世。

……

靠阿生寄钱建的小三层楼——“新屋”，在今天看来，改造成民宿也是别致有趣。三楼是大通铺，过去贮存稻谷的楼仓，是1987年我的爸爸妈妈在黄竹坑住的地方，房间直通了阳台，很是通透。二楼的厢房，其中有一间是太舅婆的房间。那时候，太舅婆已经过世，雕龙刻凤的木床空落落的。

这里面传出过“绯闻”。

曾外祖母邱炳娣，从来没有叫过太舅婆的名字，也没有按客家人的习惯叫她“林嫲”，而是很奇怪地，有时候叫她“瘸嫲”，有时候叫她“噶人嫲”。

“噶人嫲”，意思是出轨的女人。

她出轨的男人是谁？答案是一个族人们熟悉的名字：阿忠太舅公。

坪山公园的半山坡，有一座坪山革命烈士纪念碑，每一次外公去那里，都要逐个逐个找名字，外公说，阿忠太舅公是曾外祖母和太舅公的堂弟，抗日战争中牺牲的烈士，烈士名录上的记载只有寥寥数语：东江纵队中队长，1944年参加东江纵队，同年在忠阳县东江河战斗牺牲。

这是一个外公引以为傲的名字。他竟然是太舅婆出轨的对象？

族人说，有人看见他进了太舅婆的家，仅此而已。

不是实凭实据，只是些流言蜚语，也许是真的，也许是假的，却被叫作“噶人嫲”，我突然懂了她对曾外祖母的恨。

一句“噶人嫲”，以至于为曾外祖母“洗尸”的时候，她拍打着曾外祖母的尸体，宣称她的胜利：“有男人好？冇男人好？按多奶仔都冇用，哪人长命？”（有男人好？没有男人好？生这么多儿子没有用，谁人长命？）

曾外祖母子孙满堂，但是太舅婆活得更久，仿佛成为这几十年来，她唯一的一次胜利。“洗尸”那一天，她还戴着玉手镯和金耳环，随着洗刷擦拭的动作，在已经干瘪枯萎的太舅婆身上晃晃荡荡……

妈妈说，邱家“新屋”二楼厢房门后面的某个角落，看到过两幅大大的画像，是正襟危坐的一个男人、一个女人——阿生和炳娣的父母，高祖邱文富和他的妻子罗氏。画像年代久远，斑斑点点的霉迹中，着对襟长袍的他们，脑袋狭长精致，凹在之间的眼睛灰暗地看着画外……

太舅婆胜利了，赢了所有人。她的公公婆婆，早已经没了，阿生和炳娣也陆续走了。后来，她自己也去了，再没有谁可以讲清楚那些发生过抑或没有发生过的爱和恨。

只是，我在心里头奇怪地希望，太舅婆和阿忠的事情是真的。为什么？

回看这些近乎一百年以前生活在坪山的客家女人们，我的曾外祖母炳娣、太舅婆林氏和千百个她们，同一片土地，时空相隔，似乎只能够模糊地看见“无力”和“压抑”，可是我不愿意，将她们所有的忤逆、顺从、懊恼、悲愤、希望、欢喜，笼统地概括为这两个形容词，仿佛她们只是那一个灰暗的时代中，千人一面的悲惨，而我们可以高高在上地悲悯她们。我希望太舅婆和阿忠太舅公的事情是真的，我希望她尝试过挣扎逃脱。看到阿生的阿鲁巴儿女们寻根的艰难、执着和喜悦，和听到大洋彼岸故事的另一面以后，我知道，阿生的逃离改变了自己的人生。如果阿忠太舅公没有牺牲，林氏的人生是不是也已经改变？在那一个时代，可能吗？

“妻子”和“母亲”是女人们最传统的角色，太舅婆那一次不合时宜的胜利宣称，正是因为自卑于自己没有“丈夫”，也没有“（亲生的）孩子”吧。我听说阿鲁巴的华人超市以前有过“女子名录”，里面是可选择的“妻子”，双方满意，那一个女人就漂洋过海，与不相识的男人结婚……又听说过，我的另一个祖辈，因为生育了太多的孩子，子宫时不时脱落……“妻子”和“母亲”的角色，是她们的幸福，似乎又是她们的痛苦。那个时代的她们，被框定在“妻子”“母亲”的角色之下，仿佛生命的意义仅在于此，无法独立在“家”以外。而她们的“家”，又如命运派发的彩票，仅此一次，是优是劣，听天由命，她们只知道接受。

妈妈说，我们无法真正地理解她们，因为我们不处在那一个时代，没有被框定。

我问她，一百年以后的人们会如何看待我们？我们真的没有被框定吗？

妈妈沉默了。

我很庆幸，一百年的时间更迭，这一片土地上，我们有了更多的选择。我的祖辈们，他们的规矩，渐渐地散了，正如黑白照片上，那些被广东的潮湿和温暖侵蚀，而逐渐模糊的影像。

只是，我想一百年以后的女人们回看我们，会同样认为我们被时代局限在另一种意义上的“框定”。每个时代，都有各自的“框定”。

我知道，新的规矩，我们的忤逆、顺从、悲愤、懊恼、希望和欢喜，也正在发生着。

外公太中意的生肖，而威武的“虎”才是。人本无法选择自己的属相，但在“没有选择”中，固执地创造选项，这的确很“张德”，也是另一种“天跌落来当棉被盖”吧。我们是坪山
中，长辈们说里面有我们家祖先。不记得我是如何理解了这意味着面前的缸有“骷髅骨”，并且被其他缸中的上百个“骷髅骨”包围着。在惊悚中我紧跟着爸爸妈妈，或者紧拉着表哥
。可这概念是模糊的，那时候连客家话都不会说的我，只觉得这是个略显诡异的葬俗。后来，又听人说起客家女人的大脚。想象着在“小脚”风行的时候，那些异类的大脚们，在山里
赏自豪。然而，即使是这些自由的大脚们，在那个年代，仍然只能“拜堂一个月还不知道丈夫是谁”……1981年的秋天，88岁的祖母邱炳娣在家乡去世，我们去送她最后一程。我
，这天差地别的偶然之错，让“高另”沿用至2019年的今天，它属深圳市坪山新区碧岭街道办事处汤坑社区。20世纪70年代中末期，炳娣脑梗中风，佛山城里的医生说她年龄太大，
埋在家乡的愿望。父亲遵从她的愿望，专程送她返回家乡坪山汤坑。从此，她和小儿子以及孙女们一起生活，没有离开过祖屋几百平方米的范围，天气晴朗的日子会在院子里晒晒太阳
牢牢圈在一根绳索上，逃不掉就索性忘记它，忘记存在的时间，成了这一场“死”的准备。因为过早准备她即将离开的事实，当死讯降临的时候反倒波澜不惊了。我默默跟着父亲张
坑洼洼也无失平静，跌宕不过像几点阳光洒落时不小心溅在枯萎的落叶上，记忆在晃来晃去的时间缝隙中偶尔一闪，落在杂碎的现实中。车子行走在深圳东北部的坪山盆地，四周的山
26米的打鼓岭，三洲田水库在西面，坪山河流过村北，汤坑和黄竹坑隔着一小山坡，和碧岭连着一脉水。车窗之外的“高另”离我越来越近，炳娣的“死”被我刻意挪到一个自信可以
落围着一圈人，圈里有妇人低声哼唱。之前，我参加过城里七八宗追悼会，殡仪馆的美容师为“死亡”美容，努力消除人们的恐惧。我肯定祖母不会像电影里盖着干净白布，也不像
是顶梁的男丁，众人恭恭敬敬地把父亲让进圈里。我也跟着挤进去，毫无准备地看到了摆放在硬地草席上的——所有的来人，亲近如父亲和我，疏离如一点点沾亲带故的同族村人，
撤离的那种压迫窒息感，来了。冷冰冰且透不过气的重量，踏在我的胸膛上，击中我一路而来的冷静，不知不觉和屋子里的人，冰柱子似地凝固在一起，竖在炳娣的四周。只有一个人
）的舅婆，我幼时第一次回乡，没有车，我和弟弟就坐在她挑的一担箩筐里，一人坐一只晃荡的筐。可我已经认不出她了，也不知道她的名字，直到我为了写这一本书，找到了家族中
和外公张德的故事。看外公在那些艰难的日子里，倔强挣扎。已有战祸，又受天灾，当遍野的伤饿病成为日常，邱炳娣把一句“天跌落来当棉被盖”，硬邦邦地怼给焦虑。我们这
……但邱炳娣们的时代没有太多的选择，甚至没有选择，只有“活下去”，天跌落来当棉被盖。有件事常被我拿来当外公的趣事讲：小学生的我曾问外公属什么生肖？他斩钉截铁说虎
们是坪山的客家人。但对于出生在市区的我，小时候的坪山非常遥远，那里叫做“乡下”。一年只去一次，在崎岖的泥泞路上下颠簸，最后会到达“阴城”。一幢幢暗灰的小房子中有
紧拉着表哥表姐们的手。直到切祭品乳猪的时候，我才暂时忘掉恐惧，又小欢欣起来，期待着分到一块连皮带肉的脆皮乳猪……这是一年一次的“拜山”，也是在这里，我第一次对客家
，在山里田间家中穿梭奔忙。小脚女人褪下缠足布，出现的是一双扭曲畸形的脚。但想必客家女人的大脚，也多如曾外祖母邱炳娣，沟壑样的皱褶裂满脚踝，不美。这种丑陋，在那关
。我的家乡坪山汤坑高另村，据说1928年从不远的老张屋村迁此地建村，因地势较周边高故取名高岭，奔丧这年村子还叫高岭，何以更名“高另”？1990年建设横坪路，村子迁址在原
没有治疗意义，不肯收留入院，且所有探访的亲友看到昏沉不醒的她，都判断她不久于人世。我们都堕入了等待的日子，这煎熬的过程将另章叙述。结果，炳娣渐渐醒了，半身不遂，
，80多岁高龄，神志已经不太清醒，身体状况也时好时坏。她或清醒或糊涂地等待着死的这一刻有多长？2年？3年？4年？等待再等待，大家已从最初的哀痛缓过来了，似乎都在努力
（大朋），从深圳城里到坪山，再从坪山到汤坑那个他出生的小村子，尽是凹凸不平的黄泥路。车子行进在颠簸的途中，我和父亲一直沉默，没有像丧失至亲那样嚎啕或哀鸣，车窗不
凹缝里散落着许多小村落，车窗外，一畦一畦的稻田和一丘一丘的矮山，包裹着绵延曲折且不知名的回乡路。车子越来越接近那几个和我有着千丝万缕关系的小村落，其中的汤坑和我
的位置，与“死”相对观照生命终结，竟然有丝丝如分娩那样伴随了痛苦的欣喜，超越了悲哀伤痛……我跟着父亲踏进祖屋。 客家大屋的窗子比簸箕大不了多少，近30平米的厅堂不
涂了脂粉，但会躺在棺木或卧室的床上。我笃定地跟着父亲一直往前走，那圈人看到我父亲都让开了一条缝，歌声也停了。伯父早在40年前病逝，接着祖父在1943年的广东大旱之年得
然地看着摆放在面前的她，裸着身子的炳娣……赤裸的一具尸身，如此不商不量闯过来，我好像被什么重物击中了。她死了，没有更好的词语可以形容这刻，无法呼吸的一种重，就
，一个干瘪枯萎的老女人，好像地豆（花生）叶子那么一点点，比炳娣的尸体还短小半截，她衣着整齐，戴着耳环和镯，这些身外物晃晃荡荡显得她更细小单薄。没想到她就是我早
者天送（志忠）叔，也只知道她姓罗。舅婆为祖母洗“尸”，她蹲在大铜盘边，捋起宽阔的衣袖，镯子不时碰撞铜盘，“噹”的一声穿过尸体又穿过我。她弯曲的指像常见的僵硬的鸡
的疤痕，大疤和小疤像嵌进肉里的硬币，怎么也抹不去，她干脆扔了布片，大拇指搓揉了又搓揉，疤始终没拿掉。她两手拶住祖母的手指，可怎么也捋不直曲凸的骨节。她紧闭的嘴
己要干什么，再次蘸水扭毛巾，洗刷擦拭的声音伴随了舅婆的低语，轻若霪雨若隐若现飘落在昏暗中，这些声响令看上去不露表情的人们也不禁打寒颤，分辨不了这低浊如哭又如笑
起已经没有牙的嘴并拽住盆骨一推，“嘎”的一声飘了出来，声音小小却惊得人一颤，尸体听话地半侧了。她看也不看我们这群祖母的众多子孙，这章节还没有读完，就想起了《道
已有战祸，又受天灾，当遍野的伤饿病成为日常，邱炳娣把一句“天跌落来当棉被盖”，硬邦邦地怼给焦虑。我们这个时代的焦虑，多来自“选择”：哪一种生活方式，是“北漂、
去”，天跌落来当棉被盖。有件事常被我拿来当外公的趣事讲：小学生的我曾问外公属什么生肖？他斩钉截铁说是虎！一推算却发现他属鸡，显然鸡不是外公太中意的生肖，而威武的
，那里叫做“乡下”。一年只去一次，在崎岖的泥泞路上下颠簸，最后会到达“阴城”。一幢幢暗灰的小房子中有一瓮瓮黑沉的缸，其中一幢小房子的缸中，长辈们说里面有我们家
又小欢欣起来，期待着分到一块连皮带肉的脆皮乳猪……这是一年一次的“拜山”，也是在这里，我第一次对客家人有了概念：我们客家人，祖先在瓮中。可这概念是模糊的，那时
曲畸形的脚。但想必客家女人的大脚，也多如曾外祖母邱炳娣，沟壑样的皱褶裂满脚踝，不美。这种丑陋，在那关于“客家人”的模糊概念上，加了些欣赏自豪。然而，即使是这些
村，因地势较周边高故取名高岭，奔丧这年村子还叫高岭，何以更名“高另”？1990年建设横坪路，村子迁址在原村旁重建，“岭”错写为“另”，这天差地别的偶然之错，让“高
，都判断她不久于人世。我们都堕入了等待的日子，这煎熬的过程将另章叙述。结果，炳娣渐渐醒了，半身不遂，但还能够表达死后不火葬，要埋在家乡的愿望。父亲遵从她的愿望
醒或糊涂地等待着死的这一刻有多长？2年？3年？4年？等待再等待，大家已从最初的哀痛缓过来了，似乎都在努力不去想逼近的时刻，时间把我们牢牢圈在一根绳索上，逃不掉就索性
，尽是凹凸不平的黄泥路。车子行进在颠簸的途中，我和父亲一直沉默，没有像丧失至亲那样嚎啕或哀鸣，车窗不时倾斜一霎又正回来了，坑坑洼洼也无失平静，跌宕不过像几点阳
矮山，包裹着绵延曲折且不知名的回乡路。车子越来越接近那几个和我有着千丝万缕关系的小村落，其中的汤坑和我最为密切，附近有海拔约526米的打鼓岭，三洲田水库在西面，坪山
痛苦的欣喜，超越了悲哀伤痛……我跟着父亲踏进祖屋。 客家大屋的窗子比簸箕大不了多少，近30平米的厅堂不太明亮，脚一落门就看到角落围着一圈人，圈里有妇人低声哼唱。之
走，那圈人看到我父亲都让开了一条缝，歌声也停了。伯父早在40年前病逝，接着祖父在1943年的广东大旱之年得热瘟去世了，从此父亲就是顶梁的男丁，众人恭恭敬敬地把父亲让
此不商不量闯过来，我好像被什么重物击中了。她死了，没有更好的词语可以形容这刻，无法呼吸的一种重，就是平日毫无感觉的空气突然撤离的那种压迫窒息感，来了。冷冰冰且
炳娣的尸体还短小半截，她衣着整齐，戴着耳环和镯，这些身外物晃晃荡荡显得她更细小单薄。没想到她就是我早就认识的黄竹坑（炳娣娘家）的舅婆，我幼时第一次回乡，没有
，她蹲在大铜盘边，捋起宽阔的衣袖，镯子不时碰撞铜盘，“噹”的一声穿过尸体又穿过我。她弯曲的指像常见的僵硬的鸡咀，叼起小毛巾，从脸开始啄一直啄到阴部，她俯低脑袋
她干脆扔了布片，大拇指搓揉了又搓揉，疤始终没拿掉。她两手拶住祖母的手指，可怎么也捋不直曲凸的骨节。她紧闭的嘴张开，身子如一块摇晃的板不时向祖母的尸身歪斜，手落在
婆的低语，轻若霪雨若隐若现飘落在昏暗中，这些声响令看上去不露表情的人们也不禁打寒颤，分辨不了这低浊如哭又如笑的嗡动从舅婆的咽喉还是从尸身爬出。我呼吸微弱，颈脖被
来，声音小小却惊得人一颤，尸体听话地半侧了。她看也不看我们这群祖母的众多子孙，抓了一条裸着的小腿，我一下看到祖母一处不曾结疤的小伤口，祖母死前摔了一跤？“啪啪”
她终于说出自己比炳娣长命的优势，在场人默默无言，好像都知道她们之间有着至死不解的结。女人们开始摆动着脑壳和肩膀，除了乡下的婶婶，还有广州的婶婶和我的母亲都很自然
一下又一下梳理着几根稀疏的白发。白发太稀，梳粑显大了，银发丝丝竟然一颤一跳就滑溜去了，让这样的临别梳头有了些儿活气，看上去极其温情，令我有一阵觉得躺在硬地上的
坑人的媳妇，因为20世纪50年代兴起了婚姻自由，男人就把父母指定的她休了，很羞耻也怕娘家嫌弃，走投无路时，祖母留下她如母女来往。几乎每年祖母都会带上我或弟弟，坐上广
迫，也似乎没有次序，一个接着一个触景而唱，哭“阿婆”或哭“阿咪”，于我陌生但血缘亲近的女人们都以大同小异的哭唱和炳娣告别，亲近如我堂姐妹那等辈分的就跪着哭唱……
去了，可当20世纪90年代想写一部小说时，这天的细节一下子好像岩石地底的泉涌而出，只有她们的歌词很空白，我找到了一首客家人的哭丧歌资料。抓了一条裸着的小腿，我一下看到
么多的儿子又如何，谁长命？）舅婆，也就是祖母弟弟的妻子，她终于说出自己比炳娣长命的优势，在场人默默无言，好像都知道她们之间有着至死不解的结。女人们开始摆动着脑壳
热络如这群客家女人，拿了一把大木梳，挪到祖母的脑壳上方，一下又一下梳理着几根稀疏的白发。白发太稀，梳粑显大了，银发丝丝竟然一颤一跳就滑溜去了，让这样的临别梳头有
我从小就喊姑姑的她，其实没有一点血缘关系。她曾经是汤坑人的媳妇，因为20世纪50年代兴起了婚姻自由，男人就把父母指定的她休了，很羞耻也怕娘家嫌弃，走投无路时，祖母
没可不感凄凉，如歌如泣弥漫了一屋子，村里的女人们没有强迫，也似乎没有次序，一个接着一个触景而唱，哭“阿婆”或哭“阿咪”，于我陌生但血缘亲近的女人们都以大同小异的

于出生在市区的我，小时候的坪山非常遥远，那里叫做“乡下”。一年只去一次，在崎岖的泥泞路上下颠簸，最后会到达“阴城”。一幢幢暗灰的小房子中有一瓮瓮黑沉的缸，其中一

到切祭品乳猪的时候，我才暂时忘掉恐惧，又小欢欣起来，期待着分到一块连皮带肉的脆皮乳猪……这是一年一次的“拜山”，也是在这里，我第一次对客家人有了概念：我们客家人

忙。小脚女人褪下缠足布，出现的是一双扭曲畸形的脚。但想必客家女人的大脚，也多如曾外祖母邱炳娣，沟壑样的皱褶裂满脚踝，不美。这种丑陋，在那关于“客家人”的模糊概念

高另村，据说1928年从不远的老张屋村迁此地建村，因地势较周边高故取名高岭，奔丧这年村子还叫高岭，何以更名“高另”？1990年建设横坪路，村子迁址在原村旁重建，“岭”

不肯收留入院，且所有探访的亲友看到昏沉不醒的她，都判断她不久于人世。我们都堕入了等待的日子，这煎熬的过程将另章叙述。结果，炳娣渐渐醒了，半身不遂，但还能够表达列

神志已经不太清醒，身体状况也时好时坏。她或清醒或糊涂地等待着死的这一刻有多长？2年？3年？4年？等待再等待，大家已从最初的哀痛缓过来了，似乎都在努力不去想逼近的时刻

深圳城里到坪山，再从坪山到汤坑那个他出生的小村子，尽是凹凸不平的黄泥路。车子行进在颠簸的途中，我和父亲一直沉默，没有像丧失至亲那样嚎啕或哀鸣，车窗不时倾斜一霎又

许多小村落，车窗外，一畦一畦的稻田和一丘一丘的矮山，包裹着绵延曲折且不知名的回乡路。车子越来越接近那几个和我有着千丝万缕关系的小村落，其中的汤坑和我最为密切，附

“死”相对观照生命终结，竟然有丝丝如分娩那样伴随了痛苦的欣喜，超越了悲哀伤痛……我跟着父亲踏进祖屋。 客家大屋的窗子比簸箕大不了多少，近30平米的厅堂不太明亮，脚一

但会躺在棺木或卧室的床上。我笃定地跟着父亲一直往前走，那圈人看到我父亲都让开了一条缝，歌声也停了。伯父早在40年前病逝，接着祖父在1943年的广东大旱之年得热瘟去世了

放在面前的她，裸着身子的炳娣……赤裸的一具尸身，如此不商不量闯过来，我好像被什么重物击中了。她死了，没有更好的词语可以形容这刻，无法呼吸的一种重，就是平日毫无感

枯萎的老女人，好像地豆（花生）叶子那么一点点，比炳娣的尸体还短小半截，她衣着整齐，戴着耳环和镯，这些身外物晃晃荡荡显得她更细小单薄。没想到她就是我早就认识的黄忙

忠）叔，这章节还没有读完，就想起了《道德经》说的“天地不仁，以万物为刍狗”。早听闻那是个极糟糕的年代，却像是发生在别人家的故事，少了些许现实性。而这里读到的是曾

多来自“选择”：哪一种生活方式，是“北漂、沪漂、深漂”，还是“小城小镇”？；哪一种消费方式，是“消费升级”，还是“消费降级”？；哪一种价值观，是“现代”，还

现他属鸡，显然鸡不是外公太中意的生肖，而威武的“虎”才是。人本无法选择自己的属相，但在“没有选择”中，固执地创造选项，这的确很“张德”，也是另一种“天跌落来当棉

，其中一幢小房子的缸中，长辈们说里面有我们家祖先。不记得我是如何理解了这意味着面前的缸有“骷髅骨”，并且被其他缸中的上百个“骷髅骨”包围着。在惊悚中我紧跟着爸爸

们客家人，祖先在瓮中。可这概念是模糊的，那时候连客家话都不会说的我，只觉得这是个略显诡异的葬俗。后来，又听人说起客家女人的大脚。想象着在“小脚”风行的时候，那些

模糊概念上，加了些欣赏自豪。然而，即使是这些自由的大脚们，在那个年代，仍然只能“拜堂一个月还不知道丈夫是谁”……1981年的秋天，88岁的祖母邱炳娣在家乡去世，我们去

”错写为“另”，这天差地别的偶然之错，让“高另”沿用至2019年的今天，它属深圳市坪山新区碧岭街道办事处汤坑社区。20世纪70年代中末期，炳娣脑梗中风，佛山城里的医生说

后不火葬，要埋在家乡的愿望。父亲遵从她的愿望，专程送她返回家乡坪山汤坑。从此，她和小儿子以及孙女们一起生活，没有离开过祖屋几百平方米的范围，天气晴朗的日子会在院

，时间把我们牢牢圈在一根绳索上，逃不掉就索性忘记它，忘记存在的时间，成了这一场“死”的准备。因为过早准备她即将离开的事实，当死讯降临的时候反倒波澜不惊了。我默默

回来了，坑坑洼洼也无失平静，跌宕不过像几点阳光洒落时不小心溅在枯萎的落叶上，记忆在晃来晃去的时间缝隙中偶尔一闪，落在杂碎的现实中。车子行走在深圳东北部的坪山盆地

有海拔约526米的打鼓岭，三洲田水库在西面，坪山河流过村北，汤坑和黄竹坑隔着一小山坡，和碧岭连着一脉水。车窗之外的“高另”离我越来越近，炳娣的“死”被我刻意挪到一个

就看到角落围着一圈人，圈里有妇人低声哼唱。之前，我参加过城里七八宗追悼会，殡仪馆的美容师为“死亡”美容，努力消除人们的恐惧。我肯定祖母不会像电影里盖着干净白布，

此父亲就是顶梁的男丁，众人恭恭敬敬地把父亲让进圈里。我也跟着挤进去，毫无准备地看到了摆放在硬地草席上的——所有的来人，亲近如父亲和我，疏离如一点点沾亲带故的同族

空气突然撤离的那种压迫窒息感，来了。冷冰冰且透不过气的重量，踏在我的胸膛上，击中我一路而来的冷静，不知不觉和屋子里的人，冰柱子似地凝固在一起，竖在炳娣的四周。只

炳娣娘家）的舅婆，我幼时第一次回乡，没有车，我和弟弟就坐在她挑的一担箩筐里，一人坐一只晃荡的筐。可我已经认不出她了，也不知道她的名字，直到我为了写这一本书，找到

，从脸开始啄一直啄到阴部，她俯低脑袋，食指抵住毛巾，令人狐疑地一点一点抠了又抠，那里有抠不尽的什么？她抬眼转向身边的人，浑浊不清的眼神缓缓扫了一圈，然后又低垂了

摇晃的板不时向祖母的尸身歪斜，手落在祖母赤条条的胸脯上，翻了翻曾经藏了两坨肉的袋子，已经空荡荡连耷拉的内容都没有了，她按着皱褶龟缩的一张皮，搓了搓几根肋骨。她似

喉还是从尸身爬出。我呼吸微弱，颈脖被千斤鼎压垮似的直不起来，阴沉箍牢了我，不知道是从舅婆还是祖母身上爬出来的重量。我很想闭眼躲避，可眼睛不属于自己似地偏偏大睁着

不仁，以万物为刍狗”。早听闻那是个极糟糕的年代，却像是发生在别人家的故事，少了些许现实性。而这里读到的是曾外祖母邱炳娣和外公张德的故事。看外公在那些艰难的日子里

还是“小城小镇”？；哪一种消费方式，是“消费升级”，还是“消费降级”？；哪一种价值观，是“现代”，还是“传统”？……但邱炳娣们的时代没有太多的选择，甚至没有选择

本无法选择自己的属相，但在“没有选择”中，固执地创造选项，这的确很“张德”，也是另一种“天跌落来当棉被盖”吧。我们是坪山的客家人。但对于出生在市区的我，小时候的

如何理解了这意味着面前的缸有“骷髅骨”，并且被其他缸中的上百个“骷髅骨”包围着。在惊悚中我紧跟着爸爸妈妈，或者紧拉着表哥表姐们的手。直到切祭品乳猪的时候，我才暂

说的我，只觉得这是个略显诡异的葬俗。后来，又听人说起客家女人的大脚。想象着在“小脚”风行的时候，那些异类的大脚们，在山里田间家中穿梭奔忙。小脚女人褪下缠足布，出

那个年代，仍然只能“拜堂一个月还不知道丈夫是谁”……1981年的秋天，88岁的祖母邱炳娣在家乡去世，我们去送她最后一程。我的家乡坪山汤坑高另村，据说1928年从不远的老张

的今天，它属深圳市坪山新区碧岭街道办事处汤坑社区。20世纪70年代中末期，炳娣脑梗中风，佛山城里的医生说她年龄太大，没有治疗意义，不肯收留入院，且所有探访的亲友看到

乡坪山汤坑。从此，她和小儿子以及孙女们一起生活，没有离开过祖屋几百平方米的范围 阳，80多岁高龄，神志已经不太清醒，身体状况也时好时

的时间，成了这一场“死”的准备。因为过早准备她即将离开的事实，当死讯降临的

相关附录

（大朋），从深圳城里到坪山，再从坪山到汤坑那个他

在枯萎的落叶上，记忆在晃来晃去的时间缝隙中偶尔一闪，落在杂碎的现实中。车子行走在 的山峦凹缝里散落着许多小村落，车窗外，一畦一畦的稻田和

和黄竹坑隔着一小山坡，和碧岭连着一脉水。车窗之外的“高另”离我越来越近，炳娣的“死”被我刻意挪到一个自信可以冷观的位置，与“死”相对观照生命终结，竟然有丝丝如分

七八宗追悼会，殡仪馆的美容师为“死亡”美容，努力消除人们的恐惧。我肯定祖母不会像电影里盖着干净白布，也不像殡仪馆涂了脂粉，但会躺在棺木或卧室的床上。我笃定地跟着

挤进去，毫无准备地看到了摆放在硬地草席上的——所有的来人，亲近如父亲和我，疏离如一点点沾亲带故的同族村人，全都默然地看着摆放在面前的她，裸着身子的炳娣……赤裸的

踏在我的胸膛上，击中我一路而来的冷静，不知不觉和屋子里的人，冰柱子似地凝固在一起，竖在炳娣的四周。只有一个人在动，一个干瘪枯萎的老女人，好像地豆（花生）叶子那

坐在她挑的一担箩筐里，一人坐一只晃荡的筐。可我已经认不出她了，也不知道她的名字，直到我为了写这一本书，找到了家族中的长者天送（志忠）叔，也只知道她姓罗。舅婆头

令人狐疑地一点一点抠了又抠，那里有抠不尽的什么？她抬眼转向身边的人，浑浊不清的眼神缓缓扫了一圈，然后又低垂了脸，抹尸身上的疤痕，大疤和小疤像嵌进肉里的硬币，怎么

上，翻了翻曾经藏了两坨肉的袋子，已经空荡荡连耷拉的内容都没有了，她按着皱褶龟缩的一张皮，搓了搓几根肋骨。她似乎终于想起自己要干什么，再次蘸水扭毛巾，洗刷擦拭的声

不起来，阴沉箍牢了我，不知道是从舅婆还是祖母身上爬出来的重量。我很想闭眼躲避，可眼睛不属于自己似地偏偏大睁着。舅婆突然昂起已经没有牙的嘴并拽住盆骨一推，“嘎”的

的巴掌果断有力清脆地把我的疑问打碎了。舅婆浑浊的声音变得清晰尖利：有男人好？有男人好？敢多奶仔都有用，哪人长命？（这么多的儿子又如何，谁长命？）舅婆，也就是祖母

演和排练过却互相配合得天衣无缝，抖开崭新的寿服、寿鞋套住祖母……最让我不解的是广州玉芝婶婶，她可是地道的湖南人，竟也熟络如这群客家女人，拿了一把大木梳，挪到祖母

上的冰冷似有一点点融化。妇人们轻轻地哭，男人们依旧无声站立。一声“阿咪”（阿妈）冲进屋里，从粤西封开的戊英姑姑赶来了，我从小就喊姑姑的她，其实没有一点血缘关系。

去封开去德庆，看她和另外一位炳娣亲生的女儿玉芳姑姑。或许因为她来晚了，她跪在祖母的身边哭，哼和唱混在一起的哭，悲痛至极可不感凄凉，如歌如泣弥漫了一屋子，村里的女

的告别仪式。我有点惶恐，有点想融入，可不会唱这些随口而出的词，显得格格不入，幸好没有人因为我一直站着而鄙夷我。1981年秋末我的祖母邱炳娣走了，我以为这一天随着祖母

疤的小伤口，祖母死前摔了一跤？ “啪啪”的几下，舅婆枯干的巴掌果断有力清脆地把我的疑问打碎了。舅婆浑浊的声音变得清晰尖利：有男人好？有男人好？敢多奶仔都有用，哪人

的婶婶，还有广州的婶婶和我的母亲都很自然地蹲下，没有导演和排练过却互相配合得天衣无缝，抖开崭新的寿服、寿鞋套住祖母……最让我不解的是广州玉芝婶婶，她可是地道的湖

去极其温情，令我有一阵觉得躺在硬地上的祖母只是睡了，身上的冰冷似有一点点融化。妇人们轻轻地哭，男人们依旧无声站立。一声“阿咪”（阿妈）冲进屋里，从粤西封开的戊英

。几乎每年祖母都会带上我或弟弟，坐上广州至梧州的客船，去封开去德庆，看她和另外一位炳娣亲生的女儿玉芳姑姑。或许因为她来晚了，她跪在祖母的身边哭，哼和唱混在一起的

亲近如我堂姐妹那等辈分的就跪着哭唱……这就是我们客家人的告别仪式。我有点惶恐，有点想融入，可不会唱这些随口而出的词，显得格格不入，幸好没有人因为我一直站着而鄙

寻乌调查（节选）

1930年5月，毛泽东深入调查研究闽粤赣交界山区寻乌县的客家人，整理成5章39节，共8万余字的《寻乌调查》。

■土地斗争中的妇女（节选）

毛泽东

寻乌的女子与男子同为劳动的主力。严格说来，她们在耕种上尽的责任比男子还要多。犁田、耙田、挑粪草、挑谷米等项，虽因体力关系，多属男子担任，但帮挑粪草，帮担谷米、莳田、耘田、捡草、铲田、塍田壁、倒田、割禾等项工作，均是男子作主，女子帮助；砻谷、踏碓、淋园、莳菜、砍柴割草、烧茶煮饭、挑水供猪、经管头牲（六畜叫头牲）、洗裙荡衫、补衫做鞋、扫地洗碗等项工作，则是女子作主，男子帮助。加以养育儿女是女子的专职，所以女子的劳苦实在比男子要厉害。她们的工作不成片段，这件未歇，那件又到。她们是男子经济（封建经济以至初期资本主义经济）的附属品。男子虽已脱离了农奴地位，女子却依然是男子的农奴或半农奴。她们没有政治地位，没有人身自由，她们的痛苦比一切人大。土地斗争发展，许多地方女子勇敢地参加斗争，这回四军二纵队打篁乡反动炮楼，篁乡的女子成群地挑柴去烧炮楼，又从反动地主家里抢了谷子出来。斗争胜利的地方她们立即有了个人的自觉。各处乡政府设立之初，所接离婚案子日必数起，多是女子提出来的。男子虽也有提出来的，却是很少。十个离婚案子，女子提出来的占九个，男子提出来的不过一个。男子在这个问题上却采取完全反对的态度，其中一小部分男子就消极起来了。“革命革割革绝，老婆都革掉了!”这就是他们无力禁阻离婚表示叹息的话。

……妇女在土地斗争中是表现非常之喜欢的，因为可以解决她们没有人身自由的束缚。未结婚的青年群众中，差不多不论哪个阶级都拥护婚姻自由的口号。贫农阶级已结婚的成年男子，一般说来是反对离婚自由的，但他们反对的态度不是那种反革命性的顽强态度，他们只觉得老婆跑了不得下地。他们的叹声是:“革命革割革绝，老婆都革掉了!”他们跑到乡政府请求设个法子，他们也不敢打他们的老婆了，即使是十分呕气的事。富农小地主阶级的成年男子们就完全不同，那种“捂了渠”，“一驳壳打死你”，都是他们反革命性的横蛮无理的表示。至于成年农民男子们为什么要反对离婚自由（结婚自由没有问题）呢?非常明显，他们是为了劳动力。

那末，农民男子是反对女子解放到底的吗?不是的，特别是贫农雇农阶级他们很快就会给予女子以完全的解放，在他们整个阶级解放完成了之后。他们之所以惧怕跑掉老婆，乃是在土地斗争尚未深入的时候——他们还没有充分看见推翻封建剥削以后的成果的时候所发生出来的一种思想。只要土地斗争一深入，他们对于婚姻问题的态度就要大大改变了。

本地区历史沿革概览

据史书记载，先秦时期现深圳市所辖区域属百越族的活动范围。《史记·秦始皇本纪》记载始皇三十三年（公元前214年），“发诸尝逋亡人、赘婿、贾人略取陆梁地，为桂林、象郡、南海，以适遣戍”。秦统一岭南后，现深圳市西部隶属南海郡的番禺县管辖，东部地区属于南海郡的博罗县管辖，深圳东北地区分属番禺县和博罗县管辖。

公元前207年，秦王朝灭亡。南海尉赵佗兼并桂林、象郡自立南越国。《史记·南越列传》曰：“佗即击并桂林、象郡，自立为南越武王。”

汉武帝元鼎五年（公元前112年）以卫尉路博德为伏波将军，主爵都尉杨仆为楼船将军“咸会番禺”。元鼎六年（公元前111年）平定南越国，“遂以其地为儋耳、珠崖、南海、苍梧、郁林、合浦、交阯、九真、日南九郡”。南海郡领“番禺、博罗、中宿、龙川、四会、揭阳”六县。直至公元前111年汉武帝平定南越国，这一时期，深圳东北地区属于南越国南海郡的番禺县和博罗县管辖。

东晋东官郡·宝安县。《广州记》载：“晋成帝咸和六年（331年），分南海立，领县六。”《晋书·地理志》

载："成帝分南海，立东官郡。"《南齐书·州郡志》：东官郡领县"怀安、宝安、海安、欣乐、海丰、齐昌、陆安、兴宁"。本地区归东官郡宝安县管辖。此外学术界还有宝安县"领县九"之说。

南朝梁武帝天监六年（507年），东官郡改为东莞郡，郡治迁增城，下辖宝安县等。又析南海郡置梁化郡，析博罗县置欣乐县，归梁化郡管辖，深圳东北地区归东莞郡宝安县和梁化郡欣乐县管辖。南朝陈祯明三年（589年）改欣乐县为归善县。归善县一名一直沿用到清朝末年。民国后改为惠阳县。

隋开皇十年（590年）废东莞郡，宝安县改属广州总管府，大业三年（607年），复南海郡辖宝安县。《隋书·地理志》载："南海郡统县十五，……南海、曲江、始兴、翁源、增城、宝安、乐昌、四会、化蒙、清远、含洭、政宾、怀集、新会、义宁。"《苍梧总督军门志》曰："晋成帝始置宝安县属东官郡，隋初省郡。"

深圳市所辖区域在唐朝初期属广州宝安县，到唐至德二年后隶属东莞县。宋、元时期基本属于东莞县管辖。《唐书·地理志》载："武德四年（621年），讨平萧铣，置广州总管府。……其广州领南海、增城、清远、政宾、宝安五县。”《旧唐书·地理志》曰：“东莞，隋宝安县。至德二年（757年）九月，改为东莞县。”《广东通志》曰：宝安“唐属广州，至德二载改曰东莞，五代因之。”

唐以后，深圳东北地区大部属东莞县管辖，明万历元年（1573年），析东莞县部分地区设立新安县，县治设在原宝安县治。据康熙《新安县志》：“正德间，民有叩阍乞分县者，不果。隆庆壬申（1572年），海道刘稳始为民请命，抚按题允，以万历元年（1573年）剖符设官，赐名新安。”

明、清时期深圳东北地区分别属于归善县和新安县管辖，区划建制日趋明确。对应深圳当前的行政区划，归善县范围约相当于今深圳东北地区的龙岗区大部分、坪山新区，惠州市的惠阳、惠东地区。此三地区均位于东江中游南岸，总面积超5000平方公里。根据清康熙十四年（1657年）和乾隆四十八年（1783年）的《归善县志》记载，明清时期实行县、乡、都（社）、图（里）制度。明代归善县有13都42里，县南淡水河流域包括今龙岗地区属上下淮都，有4个图，分别为一、三、

四、五图，主要村庄有何村、黄洞、丹竹洋、椽洞、沙澳等，而椽洞靠近今坪地，清后期属龙岗约堡管辖。

清同治九年（1870年），龙岗有了明确的建制——龙岗约堡。这是龙岗历史沿革中最早的记录。当时归善县的乡村分别属县丞、典史和巡检司管理，其中龙岗约堡属碧甲司巡检（驻淡水）管理。龙岗约堡下辖8个村：荷坳、龙岗、坪山、坪地、椽洞、土湖、亲睦、塘尾。当时经济比较繁荣，已形成了龙岗圩和坪山圩。

归新安县管辖的部分，据清康熙二十七年（1688年）《新安县志》载，明末新安县分3乡7都57图509村，其中归城乡7都辖深圳、布吉、平湖、葵涌、大鹏一带。清嘉庆二十四年（1819年）《新安县志》载，新安县乡村分别属县丞、典史和巡检司管理。其中葵涌、王母峒、大鹏、南澳和龙岐等属县丞管理，且已形成了王母峒圩和葵涌圩，布吉、南岭和平湖等属官富司巡检（驻今福田赤尾村）管理。

综上所述，明清时期，今深圳东北地区分别属于归善县和新安县管辖。具体来说，今横岗、龙岗、坪地、坪山、坑梓等街道范围属归善县。布吉、坂田、南湾、平湖、葵涌、大鹏、南澳等街道范围属新安县管辖。

从民系的分布来看，到晚清时期，原新安县（宝安县）范围是以广府民系为主，归善县以客家民系为主。

民国初年，惠阳县划分警察区署管理。第二警察区署驻淡水，分管碧甲、龙岗、坪山等三个警察分所。民国二十年（1931年）8月，惠阳开始划分区乡镇管理，全县共14个区、384个乡、32个镇。其中淡水第二区辖淡水一、二、三、四、五、六镇及坪山中乡、坪山东乡、坪山西乡等67个乡。龙岗第八区辖龙岗镇、坪山镇及横岗、西坑、盛平、南约、荷坳等64乡。

民国二十六年（1937年）9月，惠阳县裁撤区公所，实行区署制。原淡水第二区与龙岗第八区合并为惠阳县政府第二区署（驻淡水），下辖22个乡镇，有龙岗镇、坑梓乡、坪山乡、长横乡等等。民国三十六年（1947年），行政院规定撤销县以下区署，复设区公所，缩并乡镇。惠阳全县设6区54乡镇。其中第二区公所辖12个乡镇，有龙岗镇、坑梓乡、坪山乡、南强乡（后改横岗乡）等。

民国初年，宝安县沿袭清末建制。今

布吉、坂田、南湾、平湖、葵涌、大鹏、南澳一带，归宝安县管辖。民国十三至二十一年（1924—1932年）实行区、镇、乡建制，宝安县划分为7个区、99个乡、3个镇。其中第三区辖布吉乡、沙湾乡等，第六区辖平湖乡等，第七区辖葵涌、大鹏一带。民国二十二年（1933年）宝安县调整为5个区、37个乡、3个镇。其中第三区辖布吉乡等，第四区辖平湖乡等，第五区辖王母乡、鹏一乡、南平乡、葵华乡、沙溪乡和东和乡（今沙头角），即今沙头角至大鹏、南澳一带。民国二十六年（1937年）宝安县裁撤合并为3个区。原一二区并为一区，三四区并为二区，五区改为三区，乡镇维持原状。三区建制一直延续到新中国成立前。

选自深圳市龙岗区文体旅游局、深圳市龙岗区文物管理办公室编著，《深圳东北地区围屋建筑研究》，文物出版社2014年版，第7—8页

坪山小学战时大事记

书香家园：明清时期，坪山圩镇方兴，周边客家围屋已成规模。1914年，城镇东门始办坪山学校，1917年更名为坪山小学，其后学校数易校名至今，现名为坪山中心小学。春秋百年，弹指一挥间，薪火相传，弦歌不辍。老一辈坪山人，大都在此接受启蒙教育，其杰出校友，由此走向五湖四海，肩负重任。百年坪小，已成为坪山人的学问故乡、书香家园。

东纵摇篮：1921年至1923年间，曾生就读于坪山小学，中山大学毕业后，他参加了革命。1937年，将军派陈铭炎任坪山小学校长，建立坪山第一个党支部，开展坪山地区抗日救亡宣传活动。曾生将军在坪小组织抗日训练班，坪山小学成为"东江纵队"前期的主要活动据点。许多校友由此走上革命道路，有的为此献出了宝贵的生命。坪山小学从此打上了红色烙印，被誉为"东纵摇篮，将军母校"。

1. 1937年2月，中共香港海员工作委员会书记曾生介绍中共党员陈铭炎、黎孟持、黎伯枢3人到坪山学校以教师职业为掩护，开展抗日救亡活动，发展党组织，成立党小组，陈铭炎任组长。

他们以坪山学校为据点，到坪山地区各学校串联，把进步教师组织起来，成立教师联谊会，出版《坪潮》刊物，开展抗日救亡活动。1937年春，陈铭炎同志经曾生介绍到惠阳县任坪山小学校长，建立了坪山小学党支部，他任党支部书记。

2. 1938年10月，曾生、周伯明、谢鹤筹等人受八路军驻香港办事处负责人廖承志指派，组成临时工作组回到惠阳坪山，来到坪山学校，联系上坪山陈铭炎等人，成立中共惠宝工作委员会，华南地区的敌后抗日游击战争开始拉开序幕。（《曾生回忆录》）

3. 1938年冬，由刘宣、邬强、李振亚主持在坪山学校开办了惠宝抗日人民游击队训练班，对从香港回来的100多人，进行游击战争理论、军事知识、开展群众工作的方法等进行培训。（《曾生回忆录》）

4. 1939年初，由陈铭炎主持，在坪山学校开办党员训练班，对党员进行党的教育。（《曾生回忆录》）

5. 1938年底，日军在大亚湾登陆，学校被迫停课。年底，坪山沦陷，周围是一片凄惨的景象。校长廖荣铿带

领教员组织附近的广大青年学习，分析形势，号召大家团结抗日，许多青年加入到抗日队伍中。（惠阳县史）

6. 1939年1月，“惠侨救乡会”回乡慰问团到坪山慰问“惠宝人民抗日游击总队”。慰问团住在坪山学校，由曾生陪同在坪山视察了几天。（惠阳县史）

7. 1939年1月，曾生在坪山小学操场陪同“惠侨救乡会”检阅“惠宝人民抗日游击总队”。（惠阳县史）

8. 1941年，坪山小学校长廖荣铿、副乡长钟思英、黄显被国民党抓走，其中黄显被枪杀。（惠阳县史）

9. 1944年12月3日，在惠阳县坪山学校操场举行庆祝东江纵队成立一周年大会，与会军民1.5万人。同时，东纵政治部在坪山学校召开各乡团体代表会议。（惠阳县史）

10. 1944年3月，在坪山小学礼堂欢送美国飞行员克尔到桂林。叶锋在会上作了一个多小时的讲话。参加欢送的包括师生代表、坪山工商联各界代表等一百多人。

11. 1945年8月15日前后，曾生带领东江纵队短时进驻坪山小学，曾生在

学校教学楼第三层办公。9月1日，迁到塘岭办公。（校友回忆）

选自黎金涛《百年芳华：1917—2017百年纪念》，内部资料

准确界定深圳河与深港界河

曾观来

也许没有人注意到，深圳的母亲河深圳河也有讹传。一学者在《深圳客家研究》（2002年南方出版社）一书中有这样的记述："'深圳'一名，最早出现的典籍记录是清康熙二十七年纂修的《新安县志》。……'梁'的'惠民桥'条目下注：在'深圳河'。" 笔者认为，这是对旧志的误读误解，因为当时没有"深圳河"的河名。志书原文没有标点，这段文字正确的断句应当是："惠民桥，在深圳，河沟深浚，凡遇雨潦、潮涨，往来维艰；更有不知深浅，动遭淹溺。"此条前有"天渡桥，在月冈屯蔡屋围前"条的记述。"惠民桥"准确的表述应该是："在深圳墟西"（当时深圳称墟）。月冈屯当时亦设墟，故"天渡桥"准确的表述应该是：在月冈屯墟蔡屋围前。"河沟深浚"是主谓词组 ，"河沟"，像河一样的水沟；"深浚"，挖得很深。1970年代末，笔者就亲闻过布吉河人民桥下发生淹死人的悲剧。

无独有偶，2013年9月，笔者收到一份发自广州的《中国地名故事·广东卷》电子邮件解说稿，关于深圳及深圳河的表述与《深圳客家研究》如出一辙："康熙二十八年（应是二十六年与天渡桥同年建，因康熙志修于康熙二十七年，二十八年是编印之误。——笔者注），在深圳河上，建造了一座‘惠民桥’，此桥以石头建造，就是今‘人民桥’的前身。”这“故事”后来做成了“纪录片”，在电视台播放，其误传就更深远了。

康熙、嘉庆二志均没有“流河”的条目，分别是“海”和“水”。嘉庆志载：“滘水，在城（即今“南头古城”——笔者注，下同）东四十里，发源于梧桐（山），右（西）莆隔，左（东）龙跃、双鱼诸山……”（古人习惯以东为左，以西为右）又据嘉庆《新安县志》记载：“军陂，在深圳右侧（西侧），发源于梧桐、莆隔、笋冈等处，堰以灌田。”由此上溯，莆隔河的源头有牛尾岭、梧桐山、莆隔径等处，向南流至鹿丹村东侧。惠民桥（建国后重建，命名“人民桥”）下的那条河就是原先的莆隔河的下游，后演变称“布吉河”。“龙跃、双鱼”（二者既是山名又是水名）二水向西流经香港新界上水，折向北与流经莲塘、罗芳、文锦渡、罗湖桥下河段交汇，再西北流向与布吉河汇合，然后注入今之深圳湾。

有资料显示，“深圳河”的命名是自1898年《展拓香港界址专条》时起，是英国强租香港新界99年期限的界河的一部分。

深圳河主要支流有布吉河、沙湾河、莲塘河以及新界境内的石湖（上水）河。布吉河长15.5公里，在下游河段修建了人民公园和洪湖公园。沙湾河发源于牛尾岭，长20.9公里，1959年冬修建了深圳水库（初名沙湾水库）。莲塘河发源于梧桐山，长12公里。沙湾河深圳水库排洪道下游与莲塘河汇合处称为“三叉河”（在深圳深水水务咨询公司西南侧），通常所指的深圳河是三叉河以下河段，主流长37公里，这就给“深圳河”作了明确的界定。此谓正名也。

深圳和香港一河之隔，有一条明确的界河。这条界河见证了中华民族百年耻辱。1898年英国政府强迫清政府签订《展拓香港界址专条》。1899年3月，中英双方互派官员，东自大鹏湾，西至深圳河口进行勘界。（见《深港关系史话》）河界于河底之中线为界线，分段立桩。北侧归中方，南侧归英方。这条界河东起沙头角河口，西至深圳河入海口。沙头角河亦发源于梧桐山，与莲塘河相接，长约四五公里，向东经中英街流入盐田港湾。现在深圳市地图上可以看到明显的标志，深圳河只是深港界河的西段，布吉河、沙湾河、皇岗河等是深圳河的支流，不能称作界河；大沙河发源于羊台山等处，向南注入后海（今深圳湾），不是深圳河的支流，更不是界河。

新千年之初，又掀起一股地名改革风，作为新兴城市深圳尤烈，很有“矫枉过正”之势，幸好不久就稳住了，虽然迟了一步。2005年，京津穗深等8城市的地名规划专家齐集深圳，研讨地名规划管理问题。深圳市规划局一负责人在发言时强调：地名规划需要公众参与。他指出：“特别是对于已被习惯使用的地名，如要调整，需在广泛社会参与的基础上进行。”江苏省民政厅关于地名规范的问题明确表示：“旧地名不能随便改。”（选自《扬子晚报》，2005.3.28）

至于地名规范化该以什么为标准？笔者认为应该尊重历史，认知其社会性、时代性、地域性，不赞成讹变，特别是硬伤。当然，随着时间的推移，讹变会成为既成事实，成为“演变”，但毕竟是“习非成是”了。

选自《谈深圳地名的演变与讹变》，《广东史志》2018年第四期

模范村

曾观来

1949年秋，解放战争进入解放大陆最后阶段。为迎接中国人民解放军南下解放广东，坪山地区组织战时勤务队（简称“战勤”），支援前线，大万村民积极参加，上前线当运输、救护、担架队员。与此同时，在“青妇队”的组织和村的领导下，村民们积极行动起来，为集体做好事，办夜校，搞宣传，唱革命歌曲，跳革命舞蹈。少年的我，对新鲜事物很感兴趣，“青妇队”教青年的一个歌舞，曲调很优美，耳濡目染，我至今还能唱出其中两段：“ 1. 朝晨日出在东边，日落西山望月圆。手把锄镰勤耕作，面朝黄土背朝天。2. 欢喜欢喜梦一场，丰收仓里缺米粮。多少愁来多少泪，一年辛苦为谁忙？”1950年春坪山和平解放，人民解放军一个炮兵连进驻大万村，虽然语言不通，但军民鱼水情深，村里还在桃子园划出几块地给部队种菜。同年，大万村被县授予“模范村”光荣称号。

新中国成立前夕至初期 ，大万村妇女起到“半边天”的作用。1949年3月，“青年妇女先锋队”（简称“青妇队”，共产党的地下组织）进驻大万村，5月在大万村成立了“妇女会”（地下党领导下的基层群众妇女组织）。先后有6名妇女加入了中国共产党，这些女党员成为妇女工作的中坚。为迎接新中国成立，妇女们自觉组织起来办起“制衣厂”，为革命部队缝制军服、做军鞋（千里马），为“青妇队”砍柴做饭。有的还参加运送军需的工作。有一位女党员，有三个儿子，先后送两个儿子参军，又积极支持二儿子参加“战勤”，上前线当担架队员。1950年被授予“爱军模范”的光荣称号，1951年5月1日应邀上北京天安门观礼。在上世纪50年代初的农业互助合作化运动中，两位女党员积极响应上级号召，牵头在大万村组织成立了“群星初级农业生产合作社”，1953年被县评为“模范合作社”，成为全县三个模范社之一。1986年，大万村被深圳市民政部门定为革命老区自然村。

选自《大万曾氏重修族谱》，中国文史出版社2008年版

『大万』来历考

曾观来

大万世居的形成有一个复杂的过程。据大万旧族谱及耆老口碑资料，一世祖曾传周，字端义（1734—1819），年青时在三洋湖村与父母分家，靠牧放鸭乸和给人推独轮车运石灰维持生活，日久略有积聚。后因好赌致贫，欲建屋而借贷不遂，因此忍心砍断右手拇指，立誓戒赌。曾传周后来发达，在坪山、龙岗、淡水开办油糖厂和许多店铺，成为一个成功的创业者。

大万围屋主要分两个阶段建造。第一阶段建造"宝斗心"，始建时间约在清代乾隆中期。传周公财丁两旺，生有四子，历代繁衍，到其86岁寿终前，五代同堂。于是围屋不断发展扩大，续建"宝斗心"外围的建筑群及大墙，第二阶段竣工时间约在乾隆末年。这是大万世居的鼎盛时期。

据族谱记载，曾传周敦厚诚实，仗义疏财。如乾隆末年，惠州水患，传周及其长子曾光斗（1753—1837）积极响应捐资赈灾，被朝廷分别诰授儒林郎捐职员和捐监生。曾传周亦于乾隆五十六年（58岁）以曾端义之名立"赞政宏才"牌匾贻与后人。在端义公仙逝的当年（嘉庆二十四年），曾光斗立"急公好义" "惠济桑梓"牌匾以纪念。

大万世居的建成，其所费人力物力财力

非同小可。仅大墙（外围墙）一例，就需近5000立方泥沙灰石。所用石头重者达数十斤上百斤，这些石头是从几里外的大山陂铜锣潭运来的。费时之久，耗资之巨，是难以估量的。《汉书·刘向传》云：“营起邑居，功费大万百余。”唐·颜师古注疏：“大万，亿也；大，巨也。”邑者，城也。据此推断“大万世居”的命名分明有章可循，并非凭空想象。至于命名时间尚待考证。“端义公祠”何时立，亦尚无定论。但按分析，如果是曾端义在生时所立，不叫“端义公祠”。他不可能冠以自己之名立一村之祠，也决不会自称“公”。“端义公祠”应是后人为纪念端义公而改立（疑初为“曾氏宗祠”）。何时改立？现“端义公祠”中厅、下厅有几幅书画落款分别为“乙巳”夏、秋，前者未书朝代，后者书“光绪”。古代修葺传统有60年一大修之说（也有不定期）。依上述“乙巳”推算，乾隆五十年乙巳（1785年）？不可能；道光二十五年乙巳（1845年）？无考；光绪三十一年乙巳（1905年）？十分可能。

节选自《三弦集》，中国文联出版社2008年版

后记

1985年，我去西藏。

从没看过雪，于是被一片银白和耀眼的雪山吸引了，那样的连绵不断，那样的伟岸挺拔。我的眼睛一小时两小时三小时，不曾离开光芒的雪，直到眼睛刺痛，有经验的人告诉我立即闭上眼睛，万万不能长时间看雪，雪的光芒会把人的眼睛烧坏，烧得什么也看不见。

这就是雪盲。

有史以来，世界上关于生命的哲学大都是男人创立的，辉煌灿烂源自他们自身的高度。女人从一出生就被这样的雪山遮挡，眼睛被这些光芒烧坏了，看不见了，失明了，一生都得男人牵引。

这是什么？这就是生命的盲点。那个时代，在炳娣和舅婆的心灵深处也许飘满了希望，哪怕是落地粉碎的灰烬，也曾经掠过几许男性温暖的呼吸，炳娣和舅婆一生不曾真正抵抗过命运，这就是注解。

我的祖父和我的舅公不是坏人，只是那个时代最普通的中国男性。

不论是坚韧求生的炳娣还是无奈屈从的舅婆，她们都信命。

舅婆有过的唯一反抗也凄凉低微得无法哭泣。

其实，炳娣也像舅婆那样反抗过，祖父活着时，多少次吆喝斥骂，她顶多在被窝里流泪，或者无人看见听见时呜咽一两声。

她守寡多年后和我说过死去的祖父，本来她比祖父先得病，眼看要死了，说不行了。儿女们全都求菩萨保佑她不死，要死就死他们的父亲。结果，她真的活下来，我的祖父死了。

祖母溢满欣慰的笑容动人心弦，让我铭记了一辈子。我问过她的儿女，我的叔叔和姑姑，他们说没有这样的事情。

我没有责备祖母撒谎，也许在她的一生中，希望这个男人先于自己死去，是她最真实的想法，也是她一生，蓄谋却无所行动的唯一反抗。

把一生的赌注都押在丈夫身上，无条件地奉献成为她们千古传唱的美德。

然而，我把握不准笔下的炳娣和舅婆，批评还是赞扬？鞭笞还是褒赏？这些黑白是非因为我和她们的血脉相连而纠结无比。

我为她们辩解，在她们的年代，在广东深圳坪山这样的客家小村落，客家女人的“天足”，远胜把脚裹成三寸金莲的众多女人，她们毕竟没有扭曲自己的脚而坠入时代的“小脚”洪流。这一点，客家女人是当时的另类。

另类之中还有另类。我先生的母亲出身贫苦，被卖去当童养媳，一次次逃跑又一次次被夫家抓获；我的母亲出身应算富足，广州的练家祠源于练家祖上，她荣幸就读于当时的惠阳名校崇雅中学，当家里准备让她嫁人时她离家出走。最后，这些客家女人都参加了抗日游击队，继而有了自己的自由婚姻。

从20世纪80年代中期开始想写坪山的她们，我的族人们，女性、性爱、情感、家庭，动笔并不轻松，有时在胸膛的部分好像有一块石头，呼吸变得不畅……

对待生命的态度，男性和女性有着细微而又极其重要的差别。女性最懂得生命孕育的艰难，女人对一切作践生命的行为，诸如战争、暴力等，怀有与生俱来的仇恨，女人不能容忍对生命采取游戏态度和自暴自弃。

在世界性的精神危机中，女性是人性泛滥的最后一道防线。

今天已经不是炳娣和舅婆的时代，可是把一生的希望都寄托在男人身上的女人，还有多少？事实上，渴望外在保护的心思好像有毒的“玫瑰”四处绽放，保护是对弱者而言的，渴望外在保护和自我保护同是一种本能，然而，倘若强化外在保护，而忽视自我保护，甚至废止了这一本能，从来没有想过自己可以保护自己，这是心灵的残缺，这是“小脚”的内在表现。

这一点，我们是否超越了炳娣和舅婆，抑或“五十步笑一百步”？

我们心灵之弱的根源来自我们精神上的萎缩，我们要反抗的正是自身生命的劣迹，从生命的意义上实现真正的男女平等。

从1893年开始，从家乡小小的坪山开始，回头看看这一路而来的轨迹，也许会清醒一点，不至于被一片雪山炫目致盲。

第一次写自己的家乡写自己的族人，幸得儿时生活在炳娣身边，许多没有刻意留存的点滴在骨头里潜伏多年，想忘记都很难。幸得在黄竹坑寻访血脉族亲洪喜伯、邱煌伯，又收获了许多记忆。85岁的叔叔张志忠，是家族中的长者，每当有疑难时我都向他求解。每当我有记忆的困惑，我的弟弟妹妹伟明、建明、宇明和映明，我的堂弟堂妹阿明、阿斌、阿慧、阿玲、宏仔和小洁，甚至和我们没有血缘关系的戊英姑姑的女儿阿贞姐妹，还有邱家族亲的后人国新、国彬等等，都会告诉我他们记忆中的细节，我们共同拼接了黄竹坑和汤坑，我们的祖母炳娣，廖家的小玲、小燕、卫坚、卫红和黄翠玲也各自记忆罗戊娣和廖义娣的点点滴滴，渐渐就有了三个客家女人共有的生存拼图。从而完成了第一、第二章……

女儿廖铮远渡大西洋，寻找家族血脉延伸至地球另一边的荷属阿鲁巴小岛，在一个地图上几乎找不到的小岛寻找舅公的蛛丝马迹。舅公庞大的家族还有我运叔的子女们，Antonius、Leo、Franklin、Glenn、Sandra、John、Christian，还有我运叔的子女们：度刚、明亮、美娜，领着廖铮进入舅公和叔叔的侨居历程，感受了在加勒比海共同寻找的亲情。也许从中国深圳来到小岛的实属珍稀，这里华人不太多，一看说中国话的人，情如当地的热带气候，小士多店多送一瓶汽水，餐馆赠上一款招牌菜肴，杂货店的大爷送出一个阿鲁巴小纪念品，“华人”的含义变得细微和实在。

地球两边的交融成就了女儿执笔的第三章。

我感激《我们深圳》系列，没有这套书胡洪侠社长和孔令军副总的大策划，就没有完成此书的契机。因为这个系列与编辑岳鸿雁认识，有许多相近的想法，更有执拗的脾性，渐行渐近终成能说许多话的朋友；因为这个系列，和创办深圳作家报的老朋友郭洪义联系上了，新春年话久违和温暖，特别感谢他的最后编审。

此书还是黄玲作序，从《血脉中华》到《大转折：深圳1949》再到《坪山女人：生于1893》，作序的都是她，在乎她的理解和真诚，还有我们的一拍即合。我特别害怕勉强他人，哪怕一点都不舒服，她恰恰就是让我坦然无忌的人。

书上的图片，有一组坪山中心小学提供的图片，写作之际，非常幸运认识了黎金涛校长、谢苑清副校长，图片是他们准备百年校庆时四方寻觅而得，那是坪小老校友梁玉昆的珍藏。

寻找文献资料之时，得到了《宝安县志》常务（执行）副主编曾观来的支持，“潜心十载苦耕耘”（1987—1997年）编写《宝安县志》实在令人钦佩，更幸运的是，他还是坪山大万世居之人，我的父老乡亲一辈。

殷秀明，他还在凤凰台当编导时做过岭南节目，竟然寻到我所在的山野，互相认识了。《大转折：深圳1949》的篇前图是他拍的，《坪山女人：生于1893》这一组图还是找他，这打眼的图正是我要的。

每当我有地名、山名、河名等等方面的疑难，会请教深圳博物馆的老朋友蔡惠尧，还有深圳和坪山的父老乡亲廖清、何鹏飞、卓辉、卢小玲、谢忠克、黄颂耀、李建国、刘镇、刘泉、黄志雄、周泽如、梁兆松、邓泽佐、易凤仪、曾卫平等等。

还感谢两位年轻的“90后”，深圳晶报坪山记者站站长熊奇侠和本书的另一位编辑林洁楠……

每当完成一本书，“感谢”只有简单的两个字，语言太贫乏，要说感谢的人实在太多了。

张黎明

2020年2月24日

我们深圳

首部深圳人文大型文库

天是谁”……1981年的秋天，88岁的祖母邱炳娣在家乡去世，我们去送她最后一程。我的家乡坪山汤坑高另村，据说1928年从不远的老张屋村迁此地建村，因地势较周边高故取名高岭，奔丧这年村子还叫高岭
生说她年龄太大，没有治疗意义，不肯收留入院，且所有探访的亲友看到昏沉不醒的她，都判断她不久于人世。我们都堕入了等待的日子，这煎熬的过程将另章叙述。结果，炳娣渐渐醒了，半身不遂，但还能
状况也时好时坏。她或清醒或糊涂地等待着死的这一刻有多长？2年？3年？4年？等待再等待，大家已从最初的哀痛缓过来了，似乎都在努力不去想逼近的时刻，时间把我们牢牢圈在一根绳索上，逃不掉就索性
一直沉默，没有像丧失至亲那样嚎啕或哀鸣，车窗不时倾斜一霎又正回来了，坑坑洼洼也无失平静，跌宕不过像几点阳光洒落时不小心溅在枯萎的落叶上，记忆在晃来晃去的时间缝
526米的打鼓岭，三洲田水库在西面，坪山河流过村北，汤坑和黄竹坑隔着一小山坡，和碧岭连着一脉水。车窗之外的“高另”离我越来越近，炳娣的“死”被我刻
殡仪馆的美容师为“死亡”美容，努力消除人们的恐惧。我肯定祖母不会像电影里盖着干净白布，也不像殡仪馆涂了脂粉，但会躺在棺木或卧室的

天灾，当遍野的伤饿病成为日常，邱炳娣把一句“天跌落来当棉被盖”，硬邦邦地怼给焦虑。我们这个时代的焦虑，
铁说是虎！一推算却发现他属鸡，显然鸡不是外公太中意的生肖，而威武的“虎”才是。人本无法
们说里面有我们家祖先。不记得我是如何理解了这意味着面前的缸有“骷髅骨”，并且被其他缸中的上百
俗。后来，又听人说起客家女人的大脚。想象着在“小脚”风行的时候，那些异类的大脚们，在
娣在家乡去世，我们去送她最后一程。我的家乡坪山汤坑高另村，据说1928年从不远的老张屋村迁此
沉不醒的她，都判断她不久于人世。我们都堕入了等待的日子，这煎
？4年？等待再等待，大家已从最初的哀痛缓过来了，似乎都在努力不去
正回来了，坑坑洼洼也无失平静，跌宕不过像几点
山河流过村北，汤坑和黄竹坑隔着一小山坡，和碧岭连着一
容，努力消除人们的恐惧。我肯定祖母不会像电影里

当遍野的伤饿病成为日常，邱炳娣把一句“天
么生肖？他斩钉截铁说是虎！一推算却发现他属鸡，
辈们说里面有我们家祖先。不记得我是如何理解
诡异的葬俗。后来，又听人说起客家女人的
邱炳娣在家乡去世，我们去送她最后一程。
不肯收留入院，且所有探访的亲友看到昏沉不醒
死的这一刻有多长？2年？3年？4年？
失至亲那样嚎啕或哀鸣，车窗不时
拔约526米的打鼓岭，三洲田水库在西面，
我参加过城里七八宗追悼会，殡仪馆的美容师为
外公在那些艰难的日子里，倔强挣扎。已有

事常被我拿来当外公的趣事讲：小学生的我曾问
房子中有一瓮瓮黑沉的缸，其中一
概念是模糊的，那时候连客家话都不会说的
个月还不知道丈夫是谁”……198
梗中风，佛山城里的医生说她年龄太大
清醒，身体状况也时好时坏
不平的黄泥路。车子行进在颠簸的途
和我有着千丝万缕关系的小村落，其中的汤
门就看到角落围着一圈人，圈里有
些许现实性。而这里读到的是曾外祖母邱
有选择，只有“活下去”，天
次，在崎岖的泥泞路上下颠簸，最后
，我第一次对客家人有了概念：我们客
些欣赏自豪。然而，即使是这些自由的大脚们
圳市坪山新区碧岭街道办事处汤坑社区。
方米的范围，天气晴朗的日子会在院
大朋），从深圳城里到坪山，再从坪山到汤
山，包裹着绵延曲折且不知名的回乡
屋。客家大屋的窗子比簸箕大不了多少，
听闻那是个极糟糕的年代，却像是
价值观，是“现代”，还是“传统”？……但
在市区的我，小时候的坪山非常遥远
着分到一块连皮带肉的脆皮乳猪……这是
裂满脚踝，不美。这种丑陋，在那关于“客家
错写为“另”，这天差地别的偶然之错，让“高另”
乡坪山汤坑。从此，她和小儿子以及孙女们一
即将离开的事实，当死讯降临的时候反倒波澜不惊了

东北部的坪山盆地，四周的山峦凹缝里散落着许多小村落，车窗外，一
竟然有丝丝如分娩那样伴随了痛苦的欣喜，超越了悲哀伤痛
圈人看到我父亲都让开了一条缝，这章节还没有读完，就想起了《道德经》说的“
生活方式，是“北漂、沪漂、深漂”，还是“小城小镇”?；哪一种消费方式，是“消费升级”，还
人本无法选择自己的属相，但在“没有选择”中，固执地创造选项，这的确很“张德”，也是另一种“天跌落来当棉被盖”吧。我
“骷髅骨”包围着。在惊悚中我紧跟着爸爸妈妈，或者紧拉着表哥表姐们的手。直到切祭品乳猪的时候，我才暂时忘掉恐
异类的大脚们，在山里田间家中穿梭奔忙。小脚女人裙下缠足布，出现的是一双扭曲畸形的脚。但想必客家女人的大脚，也多如曾外祖母邱
另村，据说1928年从不远的老张屋村迁此地建村，因地势较周边高故取名高岭，奔丧这年村子还叫高岭，何以更名“高另”？1990年建设横坪路，村子迁址在原
亲友看到昏沉不醒的她，都判断她不久于人世。我们都堕入了等待的日子，这煎熬的过程将另章叙述。结果，炳娣渐渐醒了，半身不遂，但还能够表达死后不火葬，要埋在家乡的愿望。父亲遵从她的
多长？2年？3年？4年？等待再等待，大家已从最初的哀痛缓过来了，似乎都在努力不去想逼近的时刻，时间把我们牢牢圈在一根绳索上，逃不掉就索性忘记它，忘记存在的时间，成了这一场“死”的准备。
那样嚎啕或哀鸣，车窗不时倾斜一霎又正回来了，坑坑洼洼也无失平静，跌宕不过像几点阳光洒落时不小心溅在枯萎的落叶上，记忆在晃来晃去的时间缝隙中偶尔一闪，落在杂碎的现实中。车子行走在深圳东
鼓岭，三洲田水库在西面，坪山河流过村北，汤坑和黄竹坑隔着一小山坡，和碧岭连着一脉水。车窗之外的“高另”离我越来越近，炳娣的“死”被我刻意挪到一个自信可以冷观的位置，与“死”相对观照生
悼会，殡仪馆的美容师为“死亡”美容，努力消除人们的恐惧。我肯定祖母不会像电影里盖着干净白布，也不像殡仪馆涂了脂粉，但会躺在棺木或卧室的床上。我笃定地跟着父亲一直往前走，那圈人看到我父
日子里，倔强挣扎。已有战祸，又受天灾，当遍野的伤饿病成为日常，邱炳娣把一句“天跌落来当棉被盖”，硬邦邦地怼给焦虑。我们这个时代的焦虑，多来自“选择”：哪一种生活方式，是“北漂、沪漂、深

总策划/出版人：
胡洪侠
策划编辑：
孔令军
责任编辑：
岳鸿雁
技术编辑：
林洁楠　杨杰　何杏蔚
装帧设计：
李斌

图书在版编目（CIP）数据

坪山女人：生于1893 / 张黎明，廖铮著. -- 深圳：深圳报业集团出版社，2021.2
ISBN 978-7-80709-953-6

Ⅰ. ①坪… Ⅱ. ①张… ②廖… Ⅲ. ①纪实文学－中国－当代 Ⅳ. ①I25

中国版本图书馆CIP数据核字(2021)第015994号

《我们深圳》文丛
深圳市坪山区宣传文化体育事业发展专项资金资助项目

坪山女人：生于1893
Pingshan Nüren Sheng yu 1893
张黎明　廖铮/著

深圳报业集团出版社出版发行
（深圳市福田区商报路2号　518034）
雅昌文化（集团）有限公司印制
新华书店经销

开本：889mm×1230mm　1/32
字数：200千字
版次：2021年2月第1版　2021年2月第1次印刷
印张：7
ISBN 978-7-80709-953-6
定价：50.00元